航路嘉语

王雷华　马锐　主编

北京航空航天大学出版社
BEIHANG UNIVERSITY PRESS

图书在版编目（ＣＩＰ）数据

航路嘉语 / 王雷华 , 马锐主编 . -- 北京 : 北京航
空航天大学出版社 , 2022.8
ISBN 978-7-5124-3847-7

Ⅰ . ①航… Ⅱ . ①王… ②马… Ⅲ . ①书院—介绍—
北京 Ⅳ . ① G649.299.1

中国版本图书馆 CIP 数据核字 (2022) 第 128623 号

航路嘉语

责任编辑：李　帆
责任印制：秦　赟
出版发行：北京航空航天大学出版社
地　　址：北京市海淀区学院路 37 号（100191）
电　　话：010-82317023 (编辑部)　　010-82317024 (发行部)
　　　　　010-82316936 (邮购部)
网　　址：http://www.buaapress.com.cn
读者信箱：bhxszx@163.com
印　　刷：北京雅图新世纪印刷科技有限公司
开　　本：710mm × 1000mm　1/16
印　　张：18
字　　数：249 千字
版　　次：2022 年 8 月第 1 版
印　　次：2022 年 8 月第 1 次印刷
定　　价：98.00 元

编委会

嘉事记

2017

6月22日	7月28日	8月11日	9月6日
北航学院成立	士嘉书院定名	微信公众号上线	2017级新生报到

9月9日
2017级本科生开学仪式举行

11月15日	10月30日	10月22日	10月15日
士嘉书院学业与发展支持中心揭牌成立	学生活动中心——"是家"对外开放	士嘉学生党校揭牌成立	首期士嘉大讲堂开讲

9月11日
军训开营

11月7日	10月28日	10月18日	10月13日
本科生导师工作启动仪式召开	首期士嘉训练营举办	士嘉书院党支部成立	士嘉书院团委、学生会（筹）正式揭牌成立

11月17日
"初见moment"
新生文艺晚会举办

2018

4月	7月11日
首届"胜园院杯"宿舍风采大赛举办	北航AME阿米学业研究辅导员工作室成立

12月16日	12月27日	1月25日	6月18日
首届士嘉书院冬季三项赛举办	首届士嘉书院"嘉士汇"新年晚会举办	首次本科生导师座谈会举行	书院首次学生代表大会召开

7月12日
北航士嘉·哈工大行贤
双院卓越青年训练营成立

10月18日	10月13日	9月15日
首届士嘉书院团委及学生会第一次全体会议召开	"士嘉全球行"计划正式发布	2018级本科生开学典礼举行

11月2日	10月13日	9月24日	8月29日
书院足球队夺得足球新生杯冠军	首届"双子星杯"篮球争霸赛开赛	"嘉期如梦"中秋迎新晚会举办	陆士嘉网上纪念馆上线

12月7日	12月8日	12月14日
士嘉党建共同体正式成立	由党委宣传部和校团委主办士嘉书院策划的原创话剧《为民》汇演	首届士嘉奖章答辩会举办

2019

3月9日
首届女生节舞会举办

4月1日-15日
首次书院
夜跑活动举办

5月7日
"BUAA士嘉书院"
小程序上线

5月8日
士嘉党校
纪念五四运动
话剧展演活动
举行

11月27日－12月2日
首届"嘉士有礼"
礼仪风采大赛举办

5月26日
"回首嘉事·离嘉远航"
2017级毕业生晚会落幕

2020

10月9日
"红拾蓝玫"
迎新晚会举办

9月7日
2019级本科生
开学仪式举行

5月20日、22日
士嘉书院党支部
第一批党员发展大会
举行

2月22日
疫情防控下
第一次线上班会
召开

3月31日
士嘉书院首期
线上党校开学

6月4日
士嘉书院首次导学活动
"云答辩"举行

9月19日
2020级本科生
开学仪式举行

2月24日
"停课不停学"
线上教学第一天

4月30日
北航"青春抗疫，与国同航"
主题宣讲在士嘉书院开展

10月14日
"士逢其时，嘉期终至"
迎新晚会举办

4月29日
士嘉书院合唱队挺进
北航"唱支歌儿给党听"
学生歌咏比赛决赛

3月18日
陆士嘉
110周年诞辰

2021

5月24日
士嘉书院承办
北航首届
趣味心理运动会

4月24日
士嘉承办北航沙河校区
首届体质健康标准测试赛

2月8日
士小嘉微信
表情包发布

6月
士嘉书院
社区教育中心
成立

6月21日
士嘉书院
首届科创中心
嘉年华举办

7月
书院首届学生
本科毕业

7月25日
士嘉书院
学生宣传媒体中心
成立

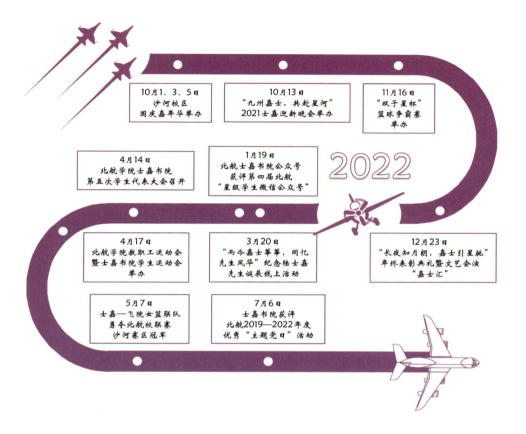

10月1、3、5日
沙河校区
国庆嘉年华举办

10月13日
"九州嘉士，共赴星河"
2021士嘉迎新晚会举办

11月16日
"双子星杯"
篮球争霸赛
举办

4月14日
北航学院士嘉书院
第五次学生代表大会召开

1月19日
北航士嘉书院公众号
获评第四届北航
"星级学生微信公众号"

2022

4月17日
北航学院教职工运动会
暨士嘉书院学生运动会
举办

3月20日
"而今嘉士荟萃，同忆
先生风华"纪念陆士嘉
先生诞辰线上活动

12月23日
"长夜知月朗，嘉士引星驰"
年终表彰典礼暨文艺会演
"嘉士汇"

5月7日
士嘉—飞院女篮联队
勇夺北航校联赛
沙河赛区冠军

7月6日
士嘉书院获评
北航2019—2022年度
优秀"主题党日"活动

士嘉的故事
等你来续写……

编者按

　　学生是财富，课程是资源。作为中华人民共和国第一所航空航天高等学府，北航始终传承空天报国的红色基因，瞄准为党育人、为国育才的初心使命，毫不动摇地坚持落实立德树人根本任务。2017年，北航实施建校以来最大规模的人才培养改革，建立"大类招生、大类培养"的人才培养模式，以鲜明的问题导向，直面和破解人才培养面临的现实难题，有效调动了教师与学生的积极性，深化了专业学院与大类书院的工作协同。实施大类改革五年多来，学校更加关心学生，学院更加关爱学生，教师更加热爱教学，学生更加热爱学习。

　　求是至善，宁静致远。学校专门组建北航学院，设立航空航天、信息、理科、文科四个大类七个书院。士嘉书院作为航空航天大类的三个书院之一，始终致力于传承空天报国的精神，以北航建校元老、空气动力学学科奠基人陆士嘉先生的名字来命名。士嘉书院学习继承陆士嘉先生的崇高品质，以"求是至善，宁静致远"作为院训，通过打造"士嘉计划"，引导同学们树立追求真理的科学精神与科学态度，淬炼专心致志和安稳静谧的平和心态，树立有所作为的高远境界和宏伟目标，不断完善自己、提升素养，立志为空天报国和中华民族的伟大复兴贡献力量。

　　贡献士嘉智慧，打造北航模式。在学校党委的坚强领导下，北航学院构建了新型的人才培养模式，开展了有组织的教育教学，将基础理论学习、前沿科学探索与专业知识集成紧密结合，提升了学生解决综合性、复杂性问题的能力，打造了人才培养的"北航模式"。士嘉书院成立伊始，深入贯彻落实学校各项工作部署，积极探索有自己特色的思想引领、学业支持、专业引导、成长服务四位一体的工作体系，有力支撑了学生成长成才。大类招生运行五年，

书院第一届学生已经顺利毕业。在学校和学院的大力支持下，本书全面梳理士嘉书院发展过程中的重大事件、重要活动，邀请参与书院创建的各位领导、老师与同学们一起总结成绩、查找漏洞，为书院的"十四五"规划发展以及学校人才培养改革贡献力量。

历时三年，终成此书。在各位领导、老师以及同学的密切配合下，数易其稿，终于完成此稿，并得到了校领导的高度肯定。在此基础上，补充修订，全面回顾士嘉书院办学五年多的历程，以飨读者。虽然高度负责、细之又细，但水平有限，难免还有瑕疵，敬请谅解。

目录

居嘉生活　　　153

居嘉生活之学士有梦，共创大"嘉"　　　155

嘉言嘉语

  士忆往昔，沐雨经霜创先河；嘉含情怀，韶光流转诉深情。在这一章，你将看到建院之初首批士嘉人探索前行的奋斗故事，看到"大嘉长"对于建设美好士嘉的坚定信念，看到新士嘉人笃定的空天报国情怀。凝心聚力，弦歌不辍，士嘉人执着坚守信仰、传承空天情怀的精神从这里讲起。

士嘉精神　北航风格

　　雷华院长请我执笔书写士嘉书院建院的心路历程，我受宠若惊。离开书院多年，我再次打开尘封的记忆，回忆建院时的点点滴滴，不免心潮澎湃。我办公室的书柜中始终摆放着一张合影，那是建院时书院管理团队的一张全家福。照片的后面是两本书：一本是《双子星座——张维与陆士嘉》；另一本是《飞翔——陆士嘉先生》。我想我和士嘉书院的故事还是要从这两本书开始。

　　2017年3月，偶然的机会我读到了《双子星座——张维与陆士嘉》这本书。陆先生作为北航之大师，拥有北航之大爱。她对祖国的忠诚、对事业的追求、对学生的关爱，为我们这些后人留下了宝贵的北航精神财富，让我们每个北航人充满自信和力量。

　　2017年5月，学校正式决定拉开大类招生、大类培养帷幕，我有幸进入北航学院担任士嘉书院执行院长。那时的我深知，这是北航建校以来最大的人才培养改革，是北航人才培养历史上开天辟地的大事，我们的每一项工作都会冠之以"首"字，我们的每一项成果都会书写北航人才培养的新历史。我深感荣幸，又深知责任重大。回忆起与创院团队一起工作的日子，往事历历在目。从定名开始，到设计院徽，确定主题色，凝练院训，组建管理机构，再到迎接新生，举行开学典礼，聘请学业导师等，每一步大家都充满激情，充满热爱，充满梦想。

　　作为一名学生工作战线的老兵，面对学校这样一个新生事物，在全新的理念和环境下，我虽然充满了无限期待，但还是觉得信心不足。什么是大类培养，什么是书院，什么叫通识教育，什么叫通专融合，我开始急切地想知道

　　该书"嘉"特指北京航空航天大学士嘉书院，书中未用引号，以下不再作注。——编者注

答案。我开始翻看北航的历史，体悟学校历久弥新的办学初心，感受历史星河中散发着光芒和智慧的大师精神。那一刻，北航人所珍视的"爱祖国、爱航空、爱航天、爱北航"及"德才兼备、知行合一"的北航校训，"艰苦朴素、勤奋好学、全面发展、勇于创新"的北航校风，汇聚成了我对"北航风格"的再次感悟。

我们把建设一流书院，以"通识教育与专业教育"为两翼，以"价值港、能力桥、知识岛"为三维度，作为我们书院的办学理念固定下来；把"士嘉计划"作为我们书院通识教育的最大承载体固定下来；把"普朗特""胜因院""洪堡""哥廷根"等共享空间作为书院"是家"学生社区的标志体固定下来。这些都是书院建院的根和魂，都是每一个士嘉人在用实际行动践行北航大类培养的"理念育人、文化育人、社区育人"。

2019年12月，《飞翔——陆士嘉先生》在北航出版社出版发行，这是士嘉书院献给陆士嘉百年诞辰的一份珍贵礼物。翻开这本书，书中有一张1937年7月陆先生远渡重洋、求学兴国的老照片，还有一张是2017年9月士嘉书院2017级本科生开学仪式的现场照片。朦胧中80年时空光影交错，我仿佛看到了时代的召唤、信仰的坚守、精神的传承，这应该就是士嘉精神、北航风格吧！

马　锐

马锐，男，中共党员，2017年6月至2019年12月担任北航学院士嘉书院执行院长，现任北航党政办公室副主任。

精准学业　合力通识

　　本人于2017年9月至2021年1月担任北航学院士嘉书院团委书记、学业与发展支持中心主任、专职辅导员，主要负责士嘉书院共青团工作、学业与发展支持工作，是北航"大类招生、大类培养、通专融合、书院管理"人才培养改革的第一批参与者与实践者。

　　本人确立的工作目标是探索大类培养下的北航领军领导人才培养模式，着力解决两个问题——思政工作与教学工作深度融合、通识教育与专业教育深度融合。依据这两条工作主线确定四项重点工作——价值引航工程和学业与发展支持工作、专业选择支持和校企协同的实践教学工作。目标是孕育北航领军领导人才两个特质——红色的报国基因和蓝色的空天力量，也恰是士嘉书院紫色的卓越情怀。

　　为促进思政与教学深度融合，重点开展价值引航工程和学业与发展支持工作。思路是思想引领与成长服务相融合，引领是先导，发展是核心，从解决学生的发展问题入手解决学生思想问题。重点开展了价值引航工程，系统设计，亲身实践，分层次多维度开展价值引领工作，将空天报国的北航精神在大学起步阶段就潜移默化地植根于学生心中。重点完善和优化了校院两级协同的学业与发展支持体系。夯实"士嘉计划"工作品牌，建设了士嘉大讲堂、士嘉训练营、士嘉"助消化课堂"、士嘉导师团、士嘉院友会、士嘉航向仪、士嘉研究院、士嘉工作坊、士嘉共同体、士嘉成长足迹等10个"士嘉计划"。

　　为促进通专融合，重点开展专业选择支持和校企协同实践教学工作。思路是学生为核心，从学生大学全周期成才路径出发建立书院与专业学院协同育人机制。第一，建立大类培养专业选择支持体系，重点制定导学活动大纲，上半年做调研，下半年做实践，发挥导师优势，让学生体验课题研究，深入了

解专业方向。第二，建立校企协同"1+X"模式的通专融合的实践教学体系，遵循学校社会课堂建设理念，深化校企协同育人，建设社会实践金课。夯实士嘉共同体打造平台，建设质量与可靠性专业教育联盟汇聚资源，发布行业调研专项社会实践，深化实践教学研究与实践。

回顾书院建设历程：2017年开始研究摸索，找到工作出发点、落脚点；2018年建模实践，重点在学业与发展支持和专业选择支持发力；2019年重点开展分析优化，对标大类培养目标，梳理工作体系，建立工作团队，汇聚工作资源，开展工作分析，优化工作流程，跟踪工作效果；2020年着力固化提升，固化成熟经验，提炼工作成果，延伸大类培养，打造良性生态。希望未来士嘉书院建设得更加美好，北航大类培养更上一层楼！

邵英华

邵英华，男，2017年9月担任士嘉书院专职辅导员，2018年9月担任士嘉书院团委书记。

授人以鱼不如授人以渔

2017年，北京航空航天大学迎来了建校以来最大的人才培养改革，按照"学生为本、通识为基、融合一体、创新开放"的理念，成立覆盖本科一、二年级的北航学院，实施完全大类招生，强化通识教育，实施宽口径、大平台的专业设置与培养，整合全校教育资源，统筹书院建设，着力培养德智体美劳全面发展的社会主义建设者和接班人。

作为这场改革的亲历者，我有幸投入书院建设之中，担任士嘉书院党支部书记兼学生工作办公室主任。工作近三年来，让我深刻感受到当代学生的特点和新的培养模式给学生工作带来的巨大变化与挑战，这对我们学生工作者提出了更高的工作标准和要求。"授人以鱼不如授人以渔"，在学生成长的道路上应该更多地帮助他们独立寻找目标方向和解决问题的方法。为此，在党建和学生工作上，我们有针对性地建立了一套工作体系。

在党建工作方面，我们以"士嘉党建工作坊"为工作阵地，充分利用每周三"学习日"等载体，深入加强入党积极分子的教育与培养。党建工作坊采用完全学分制，分理论教学和实践教学两个环节，在理论教学方面，我们邀请包括中央党校教授在内的名师为学生进行讲解，深入剖析党章党史等理论知识，让学生对中国共产党有深刻理解和认识；在实践教学环节，为了充分发挥学生主观能动性，我们引入翻转课堂等互动性极强的学习环节，让每一位学生"做老师"，充分引导学生自主学习。同时，为了树立榜样，我们引导学生开展陆士嘉故事会等主题活动，引导师生学习陆士嘉先生的大师精神和大爱品格。为了弥补培养考察环节的弱环，我们利用"士嘉党建共同体"，从专业学院聘任大量优秀党员担任入党积极分子的培养联系人，定期共同开展培养活动。在近三年中，"士嘉党建工作坊"共培养800余名入党积极分子，占学

生数量的三分之二以上，从中诞生了100余名学生党员，这些党员在学生中充分发挥了先锋模范带头作用，成为开展学生工作的中坚力量。

在学生工作方面，我们依托"士嘉党建工作坊"，充分针对学生的特点制订了工作体系方案。在实践中我们发现，书院制培养下学生的最大特点是学习的内生动力更足，这或许主要源于一年后的专业分流压力。这种内生动力一方面极大地促进了学生发挥自主学习的能力；另一方面也会给部分学生带来很大的学业压力，并造成对未来专业选择的迷茫。为此我们针对性地设计了专业引导工作机制，建立"班主任、导师、辅导员、学长"四位一体专业引导机制，利用大型报告会、小型科创项目研讨、学习交流讨论会等多种方式开展专业引导工作，引导学生在学习过程中主动挖掘专业兴趣爱好。另外我们也建立了一套分级预警机制，在学业方面，根据学生不及格学分建立"三级预警"，在学生达到"退学预警"前预制防火墙；在心理疏导方面，我们也根据摸排情况建立"三级预警"机制，根据不同预警级别确定了不同的谈话关注频率，其中最严重的"红色预警"除每天重点关注外还要每周在工作例会上进行重点研讨。近三年来经过团队的不懈努力，书院学生在专业选择中的前三志愿满足率高达95%。

近三年的工作经历让我充分感受到，大类培养模式的改革在很大程度上激发了学生学习的内生动力，为学生未来发展奠定了良好的基础。当学生发展遇到问题时，最重要的不是为他提供解决问题的方法，而是帮助学生提高独立寻找解决问题方法的能力。"授人以鱼不如授人以渔"，做好新时代学生的引路人是每一位学生工作者永恒的课题和奋斗的目标。

冀赵杰

冀赵杰，男，2017年9月至2020年3月任士嘉书院本科学生党支部书记，专职辅导员。

受益匪浅的士嘉工作

　　士嘉书院是我的第一份工作，来到高校工作是我心之所望，我以100%的热情对待它，它也赋予我太多的收获和成长。从2017年8月至2021年5月，将近四年的时间，我与它有满满的缘分和故事。

　　从第一届建院班子到现在，士嘉书院一直拥有着温暖和活力并存的特质，书院的院训是"求是至善，宁静致远"，这八个字温暖而有力。陆士嘉先生的事迹我们一直在学习，她拥有着刻苦顽强的学习精神、大公无私的爱国情怀、坚持不懈的科研精神。在教育学生时，我们尽力把北航精神与士嘉精神同时传递给学生，让北航学生了解、学习北航精神，让士嘉书院的学生拥有高尚的士嘉精神印记。在书院的工作中，士嘉精神让我成长了许多，听过太多士嘉先生的故事，润物细无声，已经内化到我的工作中。这种内化的成长是来自教育的力量，我受益匪浅，能感觉到自己在工作中逐渐增长的稳重和韧劲，不论是生活中还是工作中的困难不再能够阻挡我努力向上的脚步，我学会了韧性成长，这是士嘉精神给我的无限财富。

　　在书院的工作中，我坚信一个观点：在学生时代，能够做好学生工作，证明这个学生的综合素质不错，以后发展也会不错。这也是我跟书院学生聊得比较多的话题。我会鼓励学生在认真学习之余，如果有时间要多参加各类学生活动，从多方面锻炼自己，纵使是一个很小的工作，这份锻炼也是一种成长。回想自己在学生时代的学生工作，虽然只是埋头去做老师吩咐的工作，但日复一日，积少成多，能力也就锻炼出来了。能够坚持做好每一件小事情，其实就很"牛"了。回顾第一届书院学生会干事们的综合发展，他们各方面都很优秀，学生工作并没有影响他们，而是让他们更全面地发展。

　　士嘉书院是七大书院中唯一以女性名称命名的书院，在我看来它最具特色的就是拥有女性的韧劲，这股力量是强大的，也是我在士嘉书院收获最大的一个特质。在生活学习中，不免有失意或困难的时候，怎样重整旗鼓，积极面对至关重要，所以我们一直高度重视学生心理工作。学生危机事件时有发生，我们要给学生做好引导，让他们学习榜样的力量，学习士嘉先生身上的韧劲，这会让学生们受益匪浅。这一点书院也一直在努力践行，让同学们在士嘉书院韧性生长。

士嘉书院的工作让我接触到不少优秀的领导和老师，大家各具风采，从不同的领域指导了我、帮助了我。严谨、好学、勤奋，是每位领导和老师身上都具备的特质，没有随随便便的成功，他们的收获是因为不断的耕耘和付出。很幸运能够在士嘉书院遇到各位领导和同事，他们是我学习的榜样，作为士嘉书院中的一员，我会铭记院训，努力做好每一件工作。我很幸运，能够永远做士嘉人。

陈　贝

陈贝，女，助理研究员，2017年9月至2021年3月担任士嘉书院事务助理。

念念不忘"嘉"

时光荏苒，我与士嘉书院相识已三年多。每每手机微信跳出有关士嘉书院的微信推送，还是会时常想起那段在士嘉书院的难忘时光。作为曾经带过士嘉书院第一届学生的辅导员，我想从以下三点来谈谈在士嘉书院那段时间的感受。

一是对于大类培养模式的感受。2017年北航开始实施大类培养，以"厚植情怀，强化基础，突出实践，科教融通"为本科人才培养方针。学生进校后，在一年的大类学习中，通过专业宣讲、专业认知、行业了解、职业发展等系列的专业认知教育。充分了解大学和专业，结合自身勾画未来发展，实现以兴趣为导向自主选择专业。在大类培养的过程中，学生的合作能力和综合能力有很大提高，给我印象最深的就是：专业分流之后，不同专业的学生倾向于一起组队参加"冯如杯"竞赛，他们各自贡献专业知识，共同做出一个更加优秀的作品，在这个过程中互相学习、共同进步，不管是个人视野还是综合能力，都有非常大的提升。因此从这个角度来看，学生在学习过程中真正受益于大类培养模式。

二是对士嘉书院的感受。我是2018年7月加入士嘉书院学工队伍的，当时刚进入士嘉书院的第一印象是：学生培养的方向和高度相比自己刚进入大学时有了很大的不同，办的活动都具有很高水平且有创新性。书院通过士嘉大讲堂、士嘉训练营等一系列"士嘉计划"品牌活动，丰富了学生的课余生活，提高了学生各方面的见识、能力和价值认同。书院有一种很浓厚的"家"文化，学生是"家"的主人。我在书院的一年中，发现学生对于书院的认同感和归属感特别高，甚至在专业分流之后，学生还是倾向于参加书院各种丰富多彩的活动。这种"家"文化，让书院显得更为团结、和谐。

三是对士嘉学子的感受。第一次见我带的学生是在迎接2018级新生的活动上。他们对于换了一个新的辅导员没有任何抵触或者陌生感，倒是给我一种非常亲切的感觉。一见面就和我开各种玩笑，聊这聊那，倒是我显得有些拘谨。他们作为士嘉书院第一届学生，都有一种荣誉感和使命感，既能通过积极参加各种活动提升自己，也能作为学长学姐主动地去帮助下一级新生，从建院之初到书院稳定运行再到迎来第二届学生，他们付出非常多。所以说，士嘉书院的建设，第一届士嘉学子的功劳是最大的，他们用自身行动对"共建共享"四字做了极好的阐释。

白驹过隙，今年士嘉书院迎来了第四届学生，相比于建院之初，学生培养的各种机制运行也更加完善，学工队伍不断壮大，学生对"家"的认同感与归属感日益增强，最后祝愿士嘉书院越来越好！

饶 晗

饶晗，男，2018年至2019年期间担任士嘉书院2017级本科生辅导员。

诗写士嘉

我站在碧蓝天宇下，
听闻飞机轰鸣。
满载着蓝色创新之梦，
奔赴交汇向天空之蓝。
我坐在书院台阶上，
听闻红旗猎猎。
飘扬着红色家国之情，
缠绕挥舞着空天之红。
夕阳西下，
我眺望那一抹晚霞。
绮丽的紫色恣意流淌，
照亮了士嘉人心中的光。
蓝与红交织成紫，
一如空天报国与敢为人先，
成就了士嘉人的卓越情怀。
那抹紫霞，
亮于吾辈，
映于苍穹。

——徐新艺

我心悠悠佩青衿，
爱而逐梦向北行。
士当弘毅志不泯，

嘉宾励吾续佳音。

——麻　洋

士兮士兮寸心如水，
嘉人才子兮玉树芝兰；
书海漫漫兮渡轻舟，
院新晴窗兮畅叙理想。
永怀先辈兮承彼天问，
远九天兮列星安陈；
滴水石穿兮上下求索，
神高驰兮寰宇为航。

——孙语彤

向北航行八万里，
凌云破空探天河。
皓月皎皎博众爱，
繁星璨璨惹人怜。
求是求学应至善，
宁静宁心方致远。
嘉士心向士嘉紫，
空天报国腾神龙。

——林宇晗

为了你们，

不敢说无所不能，

但一定倾尽全力。

——赵雅莉

初见士嘉，

是院色卓越情怀的体现，

敢为人先，追求卓越。

再遇士嘉，

是院服尽皆成士的期盼，

怀揣空天，任重道远。

又遇士嘉，

是院训求真至善的嘱托，

不忘初心，砥砺前行。

——黄　枭

仰望烁烁星空，

怀想浩浩天宇。

融融笑语，宁静和谐，

是家？

琅琅书声，求知觅善，

士嘉。

——吴映萱

一寄宏愿，

言掷地有声抒壮志回答。

二遇士嘉，

携志同道合赴万里烟霞。

三览风采，

叹高山仰止慕嘉士才华。

四喜前程，

着竹杖芒鞋赴学海无涯。

——李萌萌

嘉有大事

士索寰宇，空天砺剑展气魄；嘉聚英才，激昂热血振雄风。在这一章，你将看到士嘉人的红色血脉，看到士嘉人的空天基因，看到士嘉人胸怀寰宇、志在空天的情怀。愿皆成士，能嘉其质，士嘉的故事，从这里开始。

嘉有大事之
嘉士启航

　　2017年起，一批批来自全国各地的优秀学子来到北航，来到士嘉书院，在这里扎根、成长。在"嘉士"们的记忆中，迎新活动与开学典礼是大家大学生活的起点。士嘉书院成立五年多来，一直都很重视开学迎新与开学典礼，经过几年的发展，士嘉书院形成了独特的迎新活动体系，让新嘉士们初到校园便感觉如同回家一般，温暖贴心。另外，士嘉书院开学典礼不仅象征着大学生活的开端，更能让新"嘉士"们明确大学目标，并从师长那里收获宝贵的经验与鼓励。下面，让我们一起回到2017年士嘉书院成立之初，并随着时光行走，看看士嘉书院的迎新活动与开学典礼吧！

士嘉书院的诞生

陆士嘉先生

又是一年盛夏，2017级学子历经12年寒窗苦读，踏过6月千军万马的高考独木桥来到北航，投身空天，立志报国。而今年的北航，也为迎接又一批热血的学子做好了准备。"施为欲似千钧弩，磨砺当如百炼金。"经过多年的试点改革和精心筹备，学校今年开展大类招生、通识培养，北航学院士嘉书院正式启航。

这一年，北航学院成立，继续探索大类招生与培养，对招生专业设置进行了重大改革和调整。在前期试点经验基础上，北航学院在普通类本科阶段，将跨学院大类招生推广至全校范围，包括工科试验班(航空航天类)、工科试验班(信息类)、理科试验班、社会科学试验班，覆盖一、二年级大类本科生，强化通识教育。在北航学院内部，将按照2017年招生大类设置六大书院，其中就包含士嘉书院。

陆士嘉先生

士嘉书院以我国著名流体力学家、教育家，中国空气动力学专业的主要奠基者、北航建校元老——陆士嘉先生的名字命名，包含工科试验班(航空航天类)，是北航探索大类招生与人才培养的积极倡导者和先行者。

士嘉书院以"求是至善，宁静致远"为院训，以培养航空航天领域"具有高度的国家使命感和社会责任感，理想高远、学识一流、胸怀寰宇、致真唯实"的领军领导人才为目标，深入贯彻"强化基础、突出实践、重在素质、面向创新"的本科人才培养方针，在一、二年级强化通识教育，实行宽口径、大平台、导师制、社区化的专业设置与培养。大学一年级结束后，将根据学生学习兴趣和专业志愿，在学业导师的全程指导下，于航空航天工科大类的11个专业方向中进行选择，继续深造学习。

2017年，共有569名优秀学子入驻北航士嘉书院。他们将和北航一起，见证士嘉书院的成长。也正因为有了他们，学院才得以顺利建成并趋于稳定运行，在书院的历史上他们留下了浓墨重彩的一笔。

士嘉文化标识全解读

主题色

在中国，紫色自古以来就有神秘、高贵的寓意特征。屈原《九歌·湘夫人》中有云："筑室兮水中，葺之兮荷盖，荪壁兮紫坛，播芳椒兮成堂。"《满江红·万甲胸中》有云："绿野徜徉聊雅志，紫宸寤寐思英表。"所谓"紫气东来"，也代表着一种对紫色神秘气息的敬畏。

士嘉书院选用紫色作为书院主题色，紫色是温暖的红色和冷静的蓝色化合而成，代表了我们矢志报国的红色基因和科技创新的空天之魂。

院徽

书院院徽整个标志为内外的同心圆结构，内部采用"士嘉"二字的书法形式作为核心，以小篆为主体，参考了汉代篆书和春秋战国时代的金文和石鼓文，将苍劲古朴与清秀典雅相结合，于平衡对称中蕴含变化，给人以简洁庄严的感觉。同时，篆书寄予"传其物理，施之无穷"之义，表明书院希望可以将事物的道理、规律传播开来，以及作为先行者能够将大类培养不断延续和

发展的美好愿望。标志外圈的"2017"字样说明了书院成立的年份，中英文院名也体现了书院注重融合与开放。院徽中"士嘉"二字的含义具体如下：

一方面，士嘉书院以我校建校元老之一陆士嘉先生的名字命名。院徽中，"士"的字形采用"一、十"会义，寓以"推十合一"之意，体现书院注重培养学生探究事物本质的精神和不断追求真理的科学态度。"嘉"字，取义"嘉言懿行"，表明学院育人为本的理念，注重美与善的培养。另一方面，标志从左至右可读为"嘉士"，寓意"德才兼备"之人，体现书院和学校相传承的办学理念和治学精神。

院徽标志中，"士嘉"二字独有的字形赋予更深刻的意义。其中，"士"字形似一架蓄势待发的战斗机，冲破阻碍，冲向寰宇；"嘉"字则因复杂的字形具有更多意义。院徽的解读等待士嘉的每一位学子来充实丰富。

院训

"求"，追求、探究；"是"，真也，引申为真谛、规律、本质。"求是"指追求真理的科学态度、科学精神。

至善，"最崇高的善"。西汉时期学者戴圣《礼记·大学》中有言："大学之道，在明明德，在亲民，在止于至善。"

宁静致远，平稳静谧的心态，不为杂念所左右，静思反省，才能树立或实现远大的目标。《淮南子·主术训》中有云："是故非澹薄(同:淡泊)无以明德，非宁静无以致远，非宽大无以兼覆，非慈厚无以怀众，非平正无以制断。"

求是至善，是我们探究真理、臻于完美的科学态度和发展过程；宁静致远，是我们专心致志、有所作为的高远境界和宏伟目标。把"求是至善，宁静致远"作为院训，就是希望同学们能在北航士嘉书院的培养下，树立远大理想，塑造崇高品格，提升学识水平，丰富人文涵养，造就具有鲜明北航风格的大学生。

其实，大家有没有发现，院徽中的"嘉"字有很多形象化的释义呢？比如左下角的部分是不是很像蓄势待发的飞机？抑或翱翔天际的鸟儿呢？

带你了解"中国的居里夫人"

1928年

她，15岁。时代战火纷飞，青年热血抛洒。偶然间，她在报纸上看到好几位牺牲的女性，名字中都有一个"士"字。为了她们也为了她自己，她忽生一念——"我要比士更厉害"。

陆秀珍改名陆士嘉

1935年

她，22岁，正值芳华。夜空的诡谲莫测中，夹杂着她隐秘的梦；时事纷乱嘈杂里，饱含着家国的无奈。"我要做的是对祖国更有意义的事"，义无反顾，漂洋过海，心比天高，师从大家。

家人担心世道不平，坚持要她先成家，再离开。仪式上，交换给她的除了戒指，还有一支钢笔，上面刻着娟秀小字——勿忘祖国。

陆士嘉的家人怕世道不太平，变数太多，坚持要她结了婚再走，订婚仪式上除了交换戒指外，陆士嘉又郑重地送给张维一支钢笔，笔杆上刻着她亲笔写下的四个娟秀的小字："勿忘祖国"。

"双子星"约定勿忘祖国

1938 年

她，孤身一人，来到钢铁色的德意志，拜访流体力学的业界翘楚。伟大的故事总是要一波三折，伟大的人物也总是要屡次碰壁。一次闭门，两次被拒，她没有放弃。大师不收女研究生，瞧不起落后的东方，她也没有退缩。面对大师的重重刁难，她淡然道："您可以考我，如果我通不过您的考试，我再另投别门。"

普朗特教授从不收女研究生，更瞧不起来自落后的中国的学生，加之已公开宣布不再收徒，统一口回绝了陆士嘉的请求。他认为这个看似柔弱的东方女子要做他的研究生简直是痴人说梦——流体力学是一门对数学要求极高的学科！

陆士嘉看出了教授眼中的潜台词，缓缓道出了对祖国的热爱和发奋努力建设祖国的决心。普朗特面对这位有强烈民族自尊心的偏强和自信的中国姑娘，答应一个月后出题考她，但提出自己的课很深，怕她跟不上，陆士嘉说："您可以考我，如果我通不过您的考试，一定不再缠您，我另投别门。"

陆士嘉三拜普朗特

1942 年

她，在哥廷根读书。由于国际局势变幻莫测，学校对实验设施和核心技术进行了限制，给她求学生涯蒙上了一层迷雾。可这并不能令她沮丧。《圆柱射流遇垂直气流时的上卷》论文面世，她获得了哲学博士学位。

他乡求学困难重重

1944 年

她，31岁。战火纷飞迫使她离开了原有工作，回到大学。可不幸依旧困扰着她，由于国际政治立场对立，她无法在研究所做想做的事情，终日陪伴她的只有枯燥无味的方程组。

坚守爱国情怀，工作屡遭排挤

1952 年

她，把自己的才华带回了华夏大地。作为一所新型的航空高等学府，北京航空学院肩负着国家的期望和历史的重担。她担任建校筹备委员会委员，以身作则，始终坚守第一线。教授理论空气动力学等课程，并带领一批年轻教师编著出中国最早的相关书籍。

航空报国，恒星闪烁

2017 年

她"说"："莫因为年代相隔，就不愿走进我的故事。"要想真正地了解她，就只能到士嘉学生活动空间去，带着一颗敬佩的心，重温她多年前走过的路。她是，陆士嘉。

她说过：

我深知科学研究往往是需要几代人的努力，科学工作者的职责就是要探索。我总希望我国有所突破，并不是说我搞什么研究一定要突破，我愿意成为探索的一个小卒，一个铺路石子，为后面的人做点探索工作。

首批先锋队来到沙河校区

2017年9月2日，士嘉书院首批学子的先锋队——英才训练营成功入驻沙河校区。

在众多书院的迎新接待处，士嘉书院的紫色标识牌非常显眼，引领着第一批士嘉学子的到来。

意气风发的新生们排队等候着报到。他们并不孤单，有热情的辅导员为家长们答疑解惑，有友好的梦拓们向新生们嘘寒问暖，他们为首批士嘉学子送来了"嘉"的温暖。

在傍晚的素质拓展活动中，同学们在绿茵场上一起仰望星空，展望未来。在这值得纪念的日子里，共有65名士嘉学子入驻北航；两天后，569名士嘉学子将全部来到士嘉书院大家庭。在这里，他们将度过一生中相当重要的一段时光。首批"嘉士"们带着憧憬，拉开了大学生活的帷幕，同时也开启了士嘉书院新篇章！

士嘉书院首届学子入驻北航

　　2017年9月6日，北京航空航天大学士嘉书院2017级迎新仪式在沙河校区大钟广场举行。在梦拓、英才训练营成员及迎新志愿者等同学的引导下，士嘉书院全部569名新生顺利完成报到。

　　士嘉学子来自五湖四海，为了各自的大学梦想，为了矢志报国的空天情怀汇聚到这里。由全体新生亲手涂满的569个紫色块构成"士嘉"，象征着569名士嘉学子共同组成士嘉书院大家庭；写满名字的签名墙，象征着每一位学子对士嘉生活的向往与希冀。同时，色块的逐渐填充也时刻反映着士嘉书院新生的报到情况，使得整个迎新过程具象化。

　　你有一份北航录取通知书，但你想拥有一份士嘉书院录取通知书吗？我们来满足你！现场同比例扩大的士嘉书院录取通知书展板留念，让新生与家长记录下入读士嘉书院的这一刻，开启美好士嘉生活的新篇章。

　　从今天起，士嘉的大家庭开始充满生机与活力；愿各位新同学的大学生活如北京今日的天空般美好，也愿明天的士嘉桃李满园！

士嘉书院 2017 级本科生开学仪式举行

　　2017年9月9日14：30，北京航空航天大学士嘉书院2017级本科生开学典礼在北航沙河校区体育馆举行。全体569名新生与学校、书院领导一起见证了这一仪式。

开学仪式现场

　　开场视频《你好，士嘉》讲述了士嘉书院成立的前后，表达了士嘉学子对士嘉书院、大学生活的憧憬与希冀。姚仰平院长也通过视频表达了对新生的祝愿与要求。

　　陆士嘉先生之子张克澄、钱学森先生之子钱永刚、青年教师代表宫勇吉、青年校友代表杨健勃、来自航空航天大类的11个专业学院领导、北航学院领导、士嘉书院领导、陆士嘉实验室主任刘沛清、全体班主任和辅导员，以及2017级全体新生们出席了本次开学仪式。

执行院长马锐，青年教师代表、北航材料学院教授、博士生导师宫勇吉，北航杰出校友、可以科技创始人兼CEO杨健勃，先后做了发言。他们寄予嘉士们殷切期望，鼓励同学们开拓创新，大胆实践，努力朝梦想奋斗。

张克澄先生（左二）
钱永刚先生（右二）接受聘书

院徽佩戴现场

仪式上，学校还聘任张克澄先生与钱永刚先生为北京航空航天大学陆士嘉实验室和北京航空航天大学士嘉书院讲座教授，并请张克澄先生致辞。

紧接着，航空航天大类的11个专业学院领导与陆士嘉实验室主任、士嘉书院执行院长一起上台，为北航士嘉书院揭幕。随后，"士嘉共同体"计划提出，旨在搭建合作交流平台，共同培养一流领军领导人才。新生代表张蔚榕同学发言后，19个小班的梦拓代表为新生代表佩戴了院徽。

最后，仪式在齐声高唱的《仰望星空》中落下帷幕。仰望星空，脚踏实地，筑梦士嘉，圆梦士嘉。带着对新征程的期待和憧憬，北航士嘉书院正式启航。

士嘉书院 2018 级迎新活动

　　2018年9月，北京航空航天大学北航学院士嘉书院迎来了2018级507名学生。迎新活动在梦拓、辅导员、英才训练营学员及志愿者们的参与下顺利完成。

　　士嘉莘莘学子来自天南海北，满腔的热血、空天报国的情怀使他们汇聚在一起。照片墙前、签名板上的痕迹，象征着2018级嘉士们融入士嘉书院大家庭。

校领导对迎新工作作出指导

校领导慰问工作人员

姚仰平院长前来探望

辅导员和梦拓合影

相信在不久的将来，士嘉书院必将迸发出更加无穷的生机与活力。愿各位新同学的大学生活如你们来到北航那天的阳光一样，灿烂、美好，来日可期！

士嘉书院 2018 级本科生开学典礼举行

2018年9月15日下午，北京航空航天大学士嘉书院2018级本科生开学典礼在北航沙河校区体育馆举行。

开学典礼现场

北航学院常务副院长曹庆华、北航学院士嘉书院院长姚仰平、学业总导师邓元、来自航空航天大类各专业学院的领导老师、士嘉书院2017级优秀班主任和导师代表、2018级新生班主任和导师、学生辅导员，以及士嘉书院2017级和2018级全体同学出席开学典礼。典礼由士嘉书院执行院长马锐主持。

伴随着庄严的国歌，典礼正式开始。典礼首先总结了一年来书院学业与发展支持工作成果，在五位一体的大学生学业与发展支持体系的指引下，士嘉学子取得了优异的学业表现。

曹庆华院长为辛苦付出的士嘉书院2017—2018学年优秀班主任和优秀导师代表颁发荣誉证书。

接下来，典礼总结了一年来士嘉书院的专业选择支持工作。士嘉书院与航空航天大类各专业学院通力合作，先后组织了各种专业选择支持活动，帮助学生认知专业开展选择。

在此之后，航空航天大类各专业学院领导为士嘉书院2017级学生代表佩戴专业学院院徽。邓毅、白诗玉分别作为2017、2018级学生代表发言。

最后，士嘉书院院长姚仰平致辞。姚院长提出了"立德、明志、强体、儒雅"四点建议，希望同学们刻苦学习，积极锻炼，做大学生涯的主人，努力成为同龄人的榜样，铸就自己的新高度和士嘉书院的新辉煌。2018级梦拓代表为新生代表佩戴士嘉书院院徽，传承士嘉精神和书院文化。

开学典礼在朗朗回响的校歌声中落下帷幕。仰望星空，脚踏实地，筑梦士嘉，圆梦士嘉。满怀着对新征程的期待和憧憬，新一届士嘉人正式逐梦启航，新一年书院建设正式拉开序幕。

士嘉书院 2019 级迎新纪念

这里士嘉，这里是家。

阳光温柔地挥洒下来，两天的迎新活动结束了。在这个9月里，遇见新"嘉人"，我们为你们的大学新篇章保驾护航，愿你从进入校园的那一刻起感受到家人般的温暖。9月的我们，感恩相聚。回顾迎新历程，我们的笑容，注定会在你的记忆中留下印记。

士嘉书院的辅导员和学长学姐们早已开始精心准备着温暖的"见面礼"！还记得我们顶着似火骄阳到东门搬回购买的物资；还记得我们挥汗如雨认真准备每一位嘉士的礼物；还记得我们披星戴月进行Wings咖啡厅和公寓楼间的布场工作；还记得我们奔波于宿舍楼层间为宿舍的大门贴上新主人的名字。一切都是因为你们，一切都是为了你们，因为我们"士一嘉人"。

新嘉士的到来是在2019年9月2日至3日，为了我们能够更好地相遇，2018级的"嘉士"和英才训练营的"萌新"们奔波在火车站、机场进行接站，只为让2019级小"萌新"们可以顺利到达沙河校区。2日一大早我们就已忙碌起来，在东门和校训石旁边举着牌子等待你们的到来，为你们拿行李、引路，沿着Wings地上的引路标，你们会先进行人脸识别签到，再拿上属于自己的士嘉号码卡片。还记得在大海报上签下的名字吗？那是你们带给士嘉的第一笔问候。到了最令人激动的投放明信片环节，不知道你们都在专属的明信片上写下了什么？或许是对父母的感谢，或许是自己的人生目标，又或许是对大学生活的期望……无论怎样，盖上纪念章、投入信箱，愿一年以后的你收到它时，能变成当初想要的模样！

3日报到的人数明显减少，但辅导员、梦拓和英才训练营的新生们并未因此有半分懈怠，我们还是坚守阵地，各司其职。

准备物资

接站等候

报到现场

太阳落下，这也宣告了我们的迎新工作即将结束，2019级的"嘉士"们也将迎来属于他们丰富多彩的大学生活。

欣然告别十年寒窗，昂首迈入北航学府，虽然没有了家长、老师的督促，但相信你们在新环境中一定仍能自律。

希望你——能让每一抹云彩都为你起舞，能让每一缕阳光都为你照耀，能让每一朵鲜花都为你开放，能让每一片彩虹都为你灿烂；更希望你，不忘初心，砥砺前行。

　　进嘉门，为嘉人，就像鱼儿终于来到海洋，经历了之前几个月的等待与盼望，我们终会相见在一起，愿皆成士，能嘉其质。

合影留念

士嘉书院 2019 级本科生开学仪式举行

2019年9月7日14：30，士嘉书院一年一度的开学仪式在于北航沙河校区体育馆召开。

本次开学仪式，士嘉书院荣幸地邀请了陆士嘉先生的学生、中国科学院院士过增元出席。出席本次活动的还有：陆士嘉先生之子张克澄先生、千乘探索科技创始人苗建全、士嘉书院院长姚仰平、陆士嘉实验室主任刘沛清、航空航天大类各专业学院领导、2019级新生班主任和学业导师们，以及2019级全体同学。开学仪式在士嘉书院执行院长马锐的主持下进行。

齐唱国歌，介绍完与会领导嘉宾，姚仰平院长上台为新生致辞。姚院长鼓励大家勤读书、精读书、爱读书，持之以恒地勤奋刻苦读书学习，并用物理学家的趣味小故事激励同学们勇于思考和创新。

姚仰平院长致辞

接下来，由过增元院士、苗建全校友致辞。过院士风趣地调侃自己为"老学长"，为大家讲述了陆士嘉先生不为人知的小故事。过院士对2019级新生寄予期望与祝福：希望大家都能成为陆士嘉先生的好学生。苗建全校友则以自己在北航学习、出北航工作的亲身经历告诉同学们坚持梦想的重要性。

紧接着，由马院长发布了士嘉院友会计划，并举行了揭牌仪式，由张克澄先生、姚仰平教授及士嘉院友会2017级理事会理事长王子腾一同为士嘉院友会揭牌。仪式过后，张克澄先生王子腾赠书并致辞。

本次仪式上，各专业学院的领导老师上台为士嘉书院2018级优秀学生佩戴学院院徽，随后书院2018级优秀学生代表李沛漪上台发言。李沛漪从士嘉书院毕业生的角度，表达了对陆士嘉先生的崇敬，并以学长学姐的角度欢迎2019级新生们回"嘉"。

2019级新生班主任、学业导师聘任仪式也在开学仪式上进行。由胡姝玲老师代表所有新生班主任、学业导师发言。来自士嘉书院2019级二大班的吕懋田同学作为新生代表在仪式上发言，号召同学们既要做"求是至善，宁静致远"的士嘉人，又要做"德才兼备，知行合一"的北航人。

2019级17个小班的新生代表走上台，由2018级梦拓为他们佩戴院徽。最后，在《歌唱祖国》激情昂扬的歌声里，北航士嘉书院2019级本科生开学仪式落下了帷幕。

士嘉书院 2020 级嘉士报到

盼星星盼月亮终于盼来了你们！ 2020年9月14日，星期一，秋高气爽，你们亦神清气爽。士嘉书院终于迎来新一批可爱的"士嘉ers"！

做好了周全的安排与充分的准备，迎新志愿者们早早等在门口只为让你踏踏实实到"嘉"！

看见你们灿烂的笑容，便感受到你们的满心欢喜和抑制不住的激动——欢迎你，加入士嘉这个温馨的大家庭。初来乍到的你不免有些许茫然，学长们发放物资，帮助你们完成报到手续，不知道你们是否感受到了他们深沉的关爱呢？

迎新现场

"嘉人"来了

校领导对迎新工作进行指导

上午校领导莅临士嘉书院迎新现场，并对迎新工作做了指导。

新"嘉人"们也说出了自己对北航的心里话——来到北航，来到士嘉十分开心，从家乡来到北京的旅途中的劳累在踏入北航大门时烟消云散。大家都希望在大学这四年里学业有成，在未来有个好的发展。

对此学长们也祝愿他们："今后路还漫长，愿你们在北航校园仰望星空，矢志奋斗，愿你们在士嘉脚踏实地、不忘初心、求是至善、宁静致远、承士嘉志、尽皆成士。愿你们向着未来，向着星辰大海，进发！"

合影留念

士嘉书院 2020 级本科生开学仪式举行

2020 年 9 月 19 日上午，北京航空航天大学士嘉书院 2020 级本科生开学仪式在北航沙河校区咏曼剧场隆重举行。

北航士嘉书院院长姚仰平教授，陆士嘉实验室（航空气动声学工信部重点实验室主任）刘沛清教授，北航图书馆馆长助理、文献资源建设部主任秦小燕老师，来自航空航天大类的 10 个专业学院的领导老师，士嘉书院 2020 级新生班主任和学业导师代表，学生辅导员，2019 级学生代表，以及士嘉书院 2020 级全体同学出席本次典礼。陆士嘉先生的长子张克澄先生应邀出席了本次典礼。典礼由士嘉书院执行院长王雷华主持。

开学仪式开始前，大屏幕播放了士嘉书院 2019—2020 学年建设回顾视频以及 2020 级本科生迎新回顾视频。视频不仅总结了过去一年士嘉书院的建设成果，还展示了迎新盛况，并对 2020 级新生表示了欢迎，昭示着士嘉书院新一届学子拼搏征程的开始。

姚仰平院长致辞

伴随着庄严的国歌，开学仪式正式开始。王雷华院长介绍与会领导和嘉宾，姚仰平院长上台为新生致辞。姚院长教导大家要传承红色基因，涵养空天报国的家国情怀，培养正直无私的思想品德，锤炼坚韧不拔的意志品质；同时培育创新基因，打牢融会贯通的学习基础，培养敢为人先的创新精神。姚院长还鼓励大家"不辜负自己的青春、不辜负伟大的时代"，勉励同学们成长为适应新时代发展需要的领军领导人才。

士嘉书院2019级优秀学生代表姚家乐同学讲述了对陆士嘉先生的敬仰之情，并且给学弟学妹的大学生活提了建议，希望大家努力学习的同时拓宽视野、提高综合素养。最后，姚家乐同学表达了对书院未来更进一步发展的深切希望。

姚仰平院长上台为新生班主任和学业导师代表颁发了聘书。士嘉书院班主任和学业导师始终致力于培养具有空天报国的红色基因与敢为人先的创新基因的"两领"人才，是书院学业与发展支持工作的重要力量。期待在他们的培养下，2020级新生能获得更好的发展。

何益海老师作为新生班主任、学业导师代表讲话。何老师一直为学生成长成才保驾护航，是学生眼中的好伙伴和引路人。何老师叮嘱同学们要保持身体健康，让大学生活过得更精彩。

士嘉书院2020级新生代表高琬婷同学谈了对士嘉精神的理解，讲述自己这届"生于非典，考于新冠"的2020级新生的心路历程，表达了对为疫情防控作出贡献的人们的敬仰之情，并号召大家坚定理想、坚守初心、脚踏实地，向着空天梦想，扬帆起航。

最后，梦拓导生代表为新生代表佩戴士嘉书院院徽。圆大学之梦，拓大学之路。期待2020级新生能够在梦拓学长学姐的带领下，取得进步、取得辉煌。开学仪式在全体师生齐唱校歌《仰望星空》中，落下了帷幕。

嘉有大事之
交游士林

　　书院要不断进步、学生更好发展，当然不能闭门造车，要"请进来，走出去"。士嘉书院自成立以来，本着"立德树人，学生自主，众筹共建，优势互补"的原则，设立"士嘉共同体"计划，意在搭建合作平台，加强与校内外兄弟书院建设经验的学习与交流，合力培育一流拔尖创新人才。相信在思想碰撞间，各方都会收获颇丰。

哈工大竹贤书院代表团来访士嘉

　　2017年11月24日下午，哈尔滨工业大学(威海)竹贤书院副院长李焕然一行五人到访北航士嘉书院。士嘉书院执行院长马锐在士嘉学生活动中心"洪堡"接见了来宾，团委书记、专职辅导员邵英华，事务助理陈贝，半脱产辅导员冯天轩、刘志威四人陪同会见。执行院长马锐首先对竹贤书院一行到访我院表示热烈欢迎，并从北航大类招生大类培养概况、士嘉书院要培养什么样的人、士嘉书院怎样培养人、特色活动和做法四个板块介绍了士嘉书院的整体情况。他表示成立北航学院是整个北航建校以来最大的改革，士嘉书院以文化为纽带，成就独特的品牌文化。开学至今，共筹办了六项"士嘉计划"。书院坚持以学生为本，秉承"求是至善，宁静致远"的院训来育人兴院。

　　竹贤书院副院长李焕然对我院的悉心安排表示感谢，并介绍了竹贤书院的建设情况、通识课程设置以及整体运行模式。随后，双方就海内外书院的建设经验进行探讨并达成共识。会后，竹贤书院一行参观了"是家"学生活动中心以及"雄鹰领飞"学生工作中心。

卓越青年训练营成立

北京航空航天大学士嘉书院与哈尔滨工业大学(威海)竹贤书院均为2017年新成立的书院。为了给学生搭建一个良好的交流平台,助力学生发展成才,双方书院经过多次协商讨论,决定于2018年暑期开设双院卓越青年训练营。

本次活动将持续8天,其中2018年7月12日至15日,北京4天;2018年7月24日至27日,威海4天。以"爱国、励志、求真、力行"为主题。双院将通过选拔各派出15名学生代表和一位带队老师,即30名学生和两位老师,并分为爱国组、励志组、求真组、力行组4个小组。学生将以小组为单位完成一项课题研究,并在闭营仪式上交流展示小组成果,可选的研究方向有"书院建设""大学生涯规划"等。

士嘉·竹贤双院卓越青年训练营的成立,既能够加强书院交流和深度合作,又可以拓宽学生视野、参观学习特色文化、提升学生领导力和团队协作能力,是双院合作的重要创新项目。

北航士嘉书院与三所高校书院共建
理工科学生培养友好书院

2020年5月13日15∶00,北京航空航天大学士嘉书院、哈尔滨工业大学(威海)竹贤书院、西安交通大学励志书院和华东师范大学光华书院围绕理工科学生教育培养相聚"云端",共建理工科学生培养友好书院。四所书院执行院长和书院学生代表共同参加了启动仪式。

华东师范大学学生工作党委书记、学工部部长余佳出席共建仪式并致辞,他指出:建设书院,一要回归教育初心,围绕"立德树人"的根本任务,不断开创"三全育人"的新局面,做到为党育人、为国育才;二要抓住学生共性,因材施教、精准施策,培育"不忘科学报国初心、牢记科技强国使命"的理工科学生;三要发挥现代书院制的优势与作用,为学生提供多样化的体验与交流,通过书院间的沟通交流,打造师生共同成长体,建立长期全面的伙伴关系,实现育人资源互享、育人项目互助,共同探索出理工科学生培养的新路径、新经验。

随后,四所书院代表逐一展示了各自鲜明的书院特色和文化。如北京航空航天大学士嘉书院坚持"一流两翼三维度"的人才培养理念,聚力设计一系列士嘉特色培养内容,精心打造"士嘉计划";哈尔滨工业大学(威海)竹贤书院围绕竹贤特色方向,打造以"素质养成""公共空间""四季活动"为核心的体系;西安交通大学励志书院以"打造有家国情怀的基础学科杰出人才、创新型国防人才、少数民族高层次骨干人才"为目标,培养高质量的理科生、国防生、民族预科生;华东师范大学光华书院实行"五育并举"育人措施,致力于培养理工科拔尖创新人才,共建"教学相长"的师生成长共同体。

　　此次四所书院在"云端"牵手"义结金兰",是书院建设模式和育人举措上的一次大胆尝试。此次共建的四所书院将会树立共同愿景,求同存异,构建发展共同体,为探索书院制下理工科学生教育培养的经验和规律贡献集体智慧。

　　最后,进入友好书院共建签约仪式,开启携手共建理工科学生培养友好书院的新纪元。

　　共建仪式后,国内原创数学话剧发起策划人、华东师范大学数学科学院副教授刘攀为四所书院学子作了题为"理科不朽著作——《几何原本》导读"的首场报告。

　　士嘉书院自成立以来,本着"立德树人,学生自主,众筹共建,优势互补"的原则,设立"士嘉共同体"计划,意在搭建合作平台,加强与校内外兄弟书院建设经验的学习与交流,合力培育一流拔尖创新人才,士嘉书院执行院长王雷华认为,四所共建理工科学生培养友好书院有利于加强各高校之间的交流与合作,共同培养出符合新时代发展需求的理工科拔尖创新人才。

中财金融学院与士嘉书院学习交流

　　为促进沙河地区校际多学科合作，加强学生管理培育经验和学科交流，共同促进学生多方面发展，2021年4月6日下午，士嘉书院执行团队一行七人赴中央财经大学金融学院开展调研走访。双方围绕育人理念、通识教育、学术导师制、社区育人体系等方面进行了深入交流。

　　中央财经大学金融学院党委书记毛静热情接待了士嘉书院一行，并代表学院表达了热烈欢迎。随后，金融学院团委书记于来带领士嘉书院一行参观了中财校园，并对图书馆馆内区域分布和校园布置进行了简要介绍。

参观中财校园

　　接下来，双方在中央财经大学沙河校区学院楼3号楼127会议室开展了学习交流座谈会。会上，金融学院党委副书记李俊峰对学院的人员组织架构、人才培养模式、学科专业特点及特色育人活动进行了简要介绍，介

绍了金融学院的"卓越系列"。学工办主任刘勇汇报了金融学院的党建育人特色，着重强调了要培养具有"踏实工作态度、求实研究态度、扎实专业功底"三个特点的金融行业人才。团委书记于来也提出要促进两校学生之间的交流，形成长效班团共建机制。

学习交流座谈会

士嘉书院执行院长王雷华介绍了北航的历史和发展现状，从书院的通识教育、学业支持、导师制度、社区建设四个方面展示了士嘉书院的建设成果。在交流讨论环节，双方围绕两校区办学、"金融＋科技"学科交流、党支部建设等话题进行了深入探讨。

最后，士嘉书院向金融学院赠送了纪念品，双方就促进学科交流、扩大学生交流面达成共识。座谈会在愉悦氛围中结束，后续双方将持续加强协同育人工作开展，促进学生德智体美劳全面发展。

士嘉举办沙河高教园联盟教职工共建活动

为促进沙河高教园区高校间的联系，推动沙河高教园联盟机制落到实处，帮助高校老师建立沟通的桥梁，2021年6月5日和6月20日，由士嘉书院牵头举办，沙河高教园联盟单位航空航天主题教职工共建活动分两批次顺利开展。来自北京航空航天大学、中央财经大学、外交学院、中国矿业大学(北京)、沙河高教园管理委员会等多家单位的近百名教职工及其子女参与了活动。9：30，风和日丽，活动队伍一行抵达北航学院路校区，开启了航空航天博物馆的参观之行。进入博物馆，在讲解员的带领下，队伍依次进入"长空逐梦""银鹰巡空""空天走廊""神州问天"展区，平日里难得一见的飞机机身、发动机、起落架等精密部件，在这里都能有机会近距离观看。"飞机为何能起飞？""飞机前面长长的尖角有何用处？"在孩子们兴致勃勃的提问中，讲解员用趣味生动的故事，为大家打开了全新的世界，引得现场阵阵惊叹。

11：00，博物馆的参观活动在集结声中圆满结束，带着激动与不舍，一行人踏上了去往沙河校区的大巴。轻风柔和，阳光灿烂，13：00左右在沙河食堂享用过可口的饭菜后，队伍一行来到北航物理演示实验中心，在物理世界中感受力、电、磁的神奇。

演示过程中，孩子们亲手体验电磁炮发射，进入法拉第笼体验静电屏蔽，触摸辉光球观看绚丽多彩的光芒。精彩的讲解不时引发参观教职工和讲解老师围绕演示现象的深入讨论，无论是小朋友还是大朋友，都在这次参观中收获颇丰。

14：30左右，活动队伍一行来到小火箭手工制作课堂。由志愿者们详细

介绍小火箭的制作流程。在参与活动教职工和孩子们其乐融融的协同合作下，一个个精美的小火箭随之诞生。

紧接着，大家一同来到大钟广场发射场地，亲手发射制作好的小火箭。随着发射开关的按动，小火箭腾空而起，又凭借降落伞缓缓着陆。孩子们欢呼雀跃，各自奔向火箭降落的地方。在一片欢声笑语中，沙河高教园航空航天主题教职工共建活动圆满结束。

飞翔，是人类永恒的梦想；蓝天宇宙，是孩童时最为好奇和向往的天堂。走入北航，那些曾经迎风而行的飞机、漫游于宇宙的卫星，开启了大家探索空天的科学梦，教职工及其孩子们都为之震撼。此次系列活动过程中，有效加强了沙河高教园联盟高校之间教职工的沟通交流，营造了亲子间温馨和谐的气氛，更激发了小朋友们对于探索未知空天的向往。

2021年是中国共产党成立100周年，在党的正确领导下，我国的航空航天事业取得了可喜的成就。这一年里"天问一号"成功着陆火星、"天和"核心舱进入太空、神舟十二号载人飞船成功发射，航空航天事业不断迈入新的征程。沙河高教园联盟依托北航优质资源、结合航空航天优势学科背景，在为联盟各单位开展教职工亲子科普教育、体验航空航天文化的同时，也帮助沙河高教园教职工们深入了解国家航空航天领域战略发展需求，建立了良好的沟通桥梁。在寓教于乐、精彩纷呈的系列活动中，稳步推动沙河高教园联盟机制落到实处。

士嘉执行团队参加书院制教育论坛

士嘉书院执行团在会场前合影

2021年7月17日至18日，为期两天的第七届海峡两岸暨港澳地区高校现代书院制教育论坛在哈尔滨工业大学(威海)举办，本届论坛以"新时代，新发展——面向未来的书院教育"为主题，来自40所高校的300余名师生代表齐聚威海，共同探讨现代书院制教育。

在我校党委副书记程波的带领下，北航师生代表一行共26人如期抵达哈尔滨工业大学威海校区。士嘉书院执行院长王雷华，专职辅导员门雪洁、申泽鹏，学业助理谢贝贝应邀参加此次论坛。

高校书院联盟秘书处代表致开幕词

在论坛开幕式上，程波代表高校书院联盟秘书处致开幕词。程波指出，近年来，实施书院制已成为高校深化教育改革的重要探索，书院联盟也在加强高校书院交流合作等方面发挥了至关重要的作用，社会影响力持续提升。程波表示，北航作为高校书院联盟秘书处单位，着力建设基于大类招生、大类培养的书院制，让最好的老师进书院，将最好的条件给书院，切实将学校最优质的资源压实到学生一线。学校的书院制入选教育部首批10所"一站式"学生社区综合管理模式建设试点高校，建设工作也得到了教育部充分肯定。程波强调，下一步书院联盟将继续推动书院间交流合作走深走实，在世界高等教育舞台上传播中国大学书院制教育的最强音。

论坛邀请了来自多所高校的学者进行大会主题报告，北航学院院长钱政发表了题为《向北航行，展翅翱翔——书院育人的思考与实践》的报告。钱政从北航的基因暨人才培养的使命和担当讲起，通过细致分析当前形势和格局，解析了北航对人才培养的全面思考，详细介绍了北航的大类培养与书院制管理。

北航学院院长钱政作报告

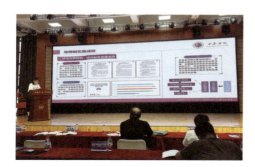

各分论坛现场

　　此外，本次论坛还开辟了"书院学生学习与养成教育""书院通识教育""书院活动与文化育人""书院管理模式""书院'一站式'管理教育"与学生专场6个分论坛。在"书院'一站式'管理教育"分论坛上，士嘉书院执行院长王雷华作为圆桌论坛特邀嘉宾出席，围绕"一站式"学生社区综合管理的探索与实践作了精彩分享。士嘉书院学业助理谢贝贝在书院管理模式分论坛作了主题报告，结合大类培养模式下导师制存在的一些问题，分享了士嘉书院在导师制执行过程中展开的思考与探索。

参观竹贤书院的活动空间

与会期间，土嘉书院执行团一行与友好书院——哈工大(威海)竹贤书院展开了深入的学习交流，在竹贤书院执行院长黄蕊的陪同下，参观了竹贤书院的活动空间，促进了友好书院间的深入了解和交流借鉴。

本次书院制教育论坛的成功举办，为书院制教育的探索发展提供了新的理念，也为与会各书院提供了良好的交流学习平台。随着书院制教育模式在全国如雨后春笋般蓬勃发展，相信书院制的深入探索必将为我国高等教育的发展注入更加强大的活力，助力高校培养出更为优秀的社会主义建设者和接班人。

书院执行团队合影

嘉有大事之
做好党团活动，
争为红色嘉士

　　十九大开幕，引发师生热议；党支部成立，引领士嘉党团。团日活动与党校建设，带领我们一同学习十九大精神，走进习近平总书记的知青岁月，纪念伟大的导师马克思。我们更加深入地学习思考社会主义，更加深刻地感受体悟国家发展。现在，让我们一起沿着昔日的足迹，重温那段红色记忆。

士嘉党支部成立

2017年10月18日，士嘉书院党支部在北航沙河校区1号学生公寓五层的士嘉学生活动中心"洪堡"召开了士嘉书院党支部成立大会，宣告士嘉书院党支部正式成立。士嘉书院党支部共有党员8名，其中正式党员7名，预备党员1名。

本次会议由士嘉书院专职辅导员冀赵杰主持。会议通过无记名投票的方式选举马锐、冯天轩、邵英华、冀赵杰4位同志为士嘉书院党支部第一届支部委员会委员，同时召开士嘉书院第一次委员会全体会议，选举冀赵杰同志为党支部书记，冯天轩同志为组织委员，邵英华同志为宣传委员，马锐同志为纪检委员。

会后，党支部组织全体党员观看中国共产党第十九次全国代表大会开幕式直播。党支部的建立使得士嘉书院的党建工作有了组织，有了方向，使得党建工作的开展更加有条不紊。

士嘉学生党校开学

2017年，金秋十月，银杏街头，一个个惊喜来到士嘉书院同学们的身边。先有十九大如期而至，而今又迎来了士嘉书院学生党校的开学典礼。刚刚迈入大学校园的嘉士们迎来了提升思想境界的绝佳机遇。

"起来，饥寒交迫的奴隶……"震撼人心的歌声中，士嘉学生党校拉开帷幕。主持人向学员们介绍了士嘉书院执行院长马锐，北航校团委副书记肖杰等与会嘉宾。介绍完党校概况后，主持人邀请两位老师为北航士嘉书院学生党校揭牌，并请马锐老师为党校干部们颁发聘书。

开学典礼结束后，马锐老师向学员们讲述了题为"认真学习党章，早日成为中国共产党党员"的开学第一课。他简明扼要地将近百年的党章发展史娓娓道来，令学员们获益匪浅。马锐老师还指出接下来的党校课程应当以学习十九大为重点，并针对"十九大报告和精神怎么学"给出了"作区分，知内容，盯节点，看变化，读文稿"这五点建议，并选取十九大报告中的部分重点内容进行了阐述，极大调动了学员的学习积极性。

课堂最后，马锐老师播放了关于北航师生制造"北京一号"客机的视频。学员们感触颇深，无一不为视频中北航师生爱党爱国的热情所打动。

选择了北航，便选择了空天报国；选择了中国共产党，便选择了为共产主义奋斗终身。马锐老师用心良苦，让同学们能在开学第一课中认识到所肩负的重要使命。在这全面建成小康社会决胜阶段，在这中国特色社会主义进入新时代的关键时期，我们需要胸怀寰宇，致真唯实，坚定信仰，砥砺前行，为实现社会主义现代化和中华民族伟大复兴作出贡献。

士嘉团委组织主题团课

2017年10月24日晚，士嘉书院专职辅导员邵英华与士嘉书院团委组织部、宣传部负责人以及各大班、小班团支部书记在士嘉书院"是家"学生活动中心洪堡活动空间开展了"学习党的十九大报告和《习近平的七年知青岁月》，共话青年成长"的主题团课。

本次活动由邵英华辅导员主持。邵老师首先带领团干部一起学习了党的十九大报告，特别就十九大报告中对青年的寄语和期望，以及当代青年在实现中华民族伟大复兴的中国梦中的重大作用等内容与大家做了交流探讨。随后，彭鑫凯、田星雨、张卓希、吴之涵、高帅以及朱远哲6位同学分别与大家分享了各自阅读《习近平的七年知青岁月》的心得体会。他们分别从书中"知青说""村民说""各界说"三个部分对习近平总书记的七年知青生活进行了回顾，并对当下的青年发展发表了各自见解。邵老师也为大家分享了有关青年成长的一些看法，并鼓励参会同学在做好自己工作的同时积极带动周围同学发展。来自三个大班的团支书汪欣然，徐燕和高帅也就"我们应该志存高远，脚踏实地，艰苦奋斗，将个人价值与社会价值相融合，从而成长为一名符合时代要求的合格青年"等方面与在场同学探讨了各自观点。最后，邵英华辅导员从北航共青团工作实际出发，结合党的十九大报告和《习近平的七年知青岁月》对青年的要求和期望，介绍了北航共青团工作概况，并结合几个北航优秀团支部案例与大家分享了基层团组织建设经验，与会同学认真聆听，仔细记录，并将困惑和想法与大家积极探讨分享，会场气氛十分热烈。同时，邵老师也为士嘉书院各团支部下一步工作做出了要求，勉励各团支部发挥好阵地作用，做好组织青年、引导青年、服务青年、维护青年学生合法权益等工作，切实为青年学生成长成才服务，努力为党和国家建设发展服务。

正如十九大报告所言："中国梦是历史的、现实的，也是未来的；是我们这一代的，更是青年一代的。中华民族伟大复兴的中国梦终将在一代代青年的接力奋斗中变为现实。"因此，作为新时代青年的我们应当坚定理想信念，志存高远，脚踏实地，勇做时代的弄潮儿，在实现中国梦的生动实践中放飞青春梦想，在为人民利益的不懈奋斗中书写人生华章！

士嘉书院开展主题团日活动

　　"学习雷锋好榜样"，又是一年三月五，雷锋同志纪念日。2018年3月5日，士嘉书院开展学雷锋精神主题团日活动，为新学期树立一个良好的开始，用新气象迎接新的篇章。

　　打水、擦桌子、打扫社区……大家用实际行动践行着雷锋精神，每个人都在努力争做新时代的"螺丝钉"。相信在人人常怀感恩之心、奉献之心的今天，习近平总书记的号召"充分发挥各方面英模人物的榜样作用，大力激发社会正能量，为实现中国梦提供强大精神动力"会得到所有人的支持与响应。雷锋精神，也将成为每个中国人心中的勋章。

2017 级优秀团支部答辩

在书院团委的组织下，士嘉书院于 2018 年 5 月 23 日 19:20 — 21:40 在教 3–101 进行了"优秀团支部，标兵团支部"答辩活动。士嘉书院共 19 个团支部参加了此次答辩活动。

本次答辩活动由书院组织部长宁川毅主持，并由执行院长马锐、专职辅导员邵英华、半脱产辅导员刘志威和冯天轩做评委。活动主要有两个环节，即 PPT 成果展示环节和评委提问环节，并依次由各团支部分别进行。

在第一个环节"PPT 成果展示"中，每个团支部各自总结了内部团建的活动、成果，以及从中得到的一些体会和收获。各团支部团建活动匠心独运，将本班特色融入活动之中，形式多种多样。

从十九大知识竞赛、学习党的精神学习会、组织团支部的青年团员们线上答题，到读书经验交流会、班级学风建设活动、学习分组等学习建设活动，再到感悟大家情怀分享会、人生经验总结交流，各小班的团日活动可以说覆盖了大学生活的各个方面，由党团精神到学风建设，由支部团体到个人人生，不仅覆盖面全，而且内涵丰富，内容既有广度，又有深度。

活动中，每个团支部的同学都表现出了高涨的热情，整体的团建取得了非常好的效果，让每个参与其中的青年团员都有所收获，并且有自己独立思考与分享的机会和空间。

第二个环节是评委现场对刚刚进行展示的支部提问和打分。在团支部答辩结束之后，各位评委将根据答辩内容、答辩效果，从支部建设、学习情况、社会实践、评委提问以及现场表现五个方面进行评分，最后根据总分评出标兵团支部和优秀团支部。

经过每个团支部的认真总结和积极准备，此次答辩活动取得了极佳的效

果,成功地展示出了各团支部的建设特色,并对存在的问题进行了反思总结,作为党的预备队,为下一步更深层次的发展打下了坚实而良好的基础。

其中12、26团支部表现优异,被推荐参加校标兵团支部答辩。12、26、23、19、27、28团支部被推选为士嘉书院优秀团支部。他们将作为榜样带领其他团支部,在接下来的日子里做到工作学习不断创新,用一颗充满热情的心,以更加强烈的责任心和更加刻苦的努力来建设一支强大的基层团组织队伍。

士嘉党支部第一批预备党员发展大会

2019年5月20日和22日晚，士嘉书院党支部在沙河校区国实409会议室分两批次举行发展党员大会，会议由支部书记冀赵杰主持，支部党员和于豪等21名来自士嘉书院和北京学院的重点发展对象参加会议。

会议在嘹亮的《国际歌》声中拉开序幕，按照相关组织流程规定，会议就能否接收于豪等21名发展对象为中共预备党员进行了逐一讨论。首先，由重点发展对象宣读《入党志愿书》，发表对党的认识、入党动机、作为积极分子期间个人的思想改变过程和学习生活表现，最后表达入党决心。接下来，入党介绍人和组织委员分别发表了介绍人意见和支委会对发展对象的审查意见和征求意见情况。随后，与会全体党员对发展对象能否发展为预备党员进行了热烈讨论，并为发展对象提出了进一步改进和提升的建议。最后，与会正式党员对能否接收发展对象成为预备党员进行投票表决。

经过投票表决，与会党员一致同意于豪等21名发展对象为预备党员，并报上级党组织批准。发展对象表示在今后的生活中一定会以党员的标准来严格要求自己，加强理论学习，起到先锋模范带头作用，并努力改正自身的不足和缺点。

本次预备党员发展大会，为士嘉书院党支部注入了新鲜的血液。希望新发展的预备党员们在接下来的学习生活中再接再厉，积极进取，团结同学，在广大同学中发挥良好的模范带头作用，争取早日成为一名优秀的共产党员。

士嘉党支部第二批预备党员发展大会

2019年6月27日，士嘉书院本科学生党支部在沙河校区国实409会议室举行春季学期第二批发展党员大会。会议由支部书记冀赵杰主持，支部党员和王鑫等16名来自士嘉书院和北京学院的重点发展对象参加会议。

会议在嘹亮的《国际歌》声中拉开序幕，按照相关组织流程规定，会议就能否接收王鑫等16名发展对象为中共预备党员进行了逐一讨论。

经过投票表决，与会党员一致同意王鑫等16名发展对象为预备党员，并报上级党组织批准。

截至2019年7月1日，士嘉书院党支部共发展党员66名。作为9000万党员中的一分子，在建党98周年之际，士嘉书院本科学生党支部成员重温入党誓词，党员同志们将不忘初心、记使命，砥砺前行，发挥先锋模范带头作用，更好地为人民服务！

庆祖国70华诞

2019年10月，校历第六周士嘉书院开展了"升国旗扬爱国精神，学讲话树远大理想"的主题团日活动。本次活动紧随时事热点、紧跟时代步伐，以中华人民共和国成立70周年大典为契机，把握北航学子参加国庆群众游行后高涨的爱国热情，旨在认清当今国家现状、世界格局，进一步激发和培养士嘉学子的爱国精神和报国情怀，使同学们更加清楚地意识到身上所肩负的时代使命。

升旗

国庆假期刚刚结束，士嘉书院的同学们来到了国旗杆下，他们望着五星红旗冉冉升起，强烈的爱国热情以及民族自豪感涌上心头。

10月8日，伴着拂晓的第一抹清风，伴着清晨的第一道日光，197521团支部和197522团支部的同学们来到操场，将国旗升到杆顶，注视红旗在风中飘扬。国旗下的嘉士们铭记着邢艺花同学"立鸿鹄志，做奋斗者"的号召。

10月9日，晨曦微露。7：00整，197523团支部和197524团支部的同学们整齐地唱响国歌，在雄壮歌声中徐徐升起的国旗令人振奋。礼毕，23班玄野同学和24班张浩男同学进行国旗下的讲话，句句铿锵，感人肺腑，激励着大家在爱国奉献、敢为人先精神的传承中始终践行空天报国的价值追求。

10月10日，沐浴着清晨的阳光，197525团支部的同学们准时升起了五星红旗。飘扬的红旗下，宿夏禹同学发表了以"奋进新时代 爱国自当先"为题的演讲。他说，春笋般生机勃勃的我们应当在心中种下一颗爱祖国、爱航空、爱航天、爱北航的种子，一路洒下奋斗的汗水，同祖国一道茁壮成长。

10月11日，秋高气爽，迎着第一缕暖阳，197526团支部的同学们在操场举行升旗仪式。国歌激昂，歌唱出同学们的爱国之情；国旗飘扬，展现了祖国的威严。国旗下的讲话，激励同学们秉承创新实干精神，胸怀强国兴邦壮志，为祖国富强贡献一份力量。

10月12日，197527团支部的全体同学参加了此次升旗仪式，升旗仪式按计划流程圆满完成。国旗下，以"鼎国强盛 筑梦致远"为主题的演讲呼吁我等青年人理应"在此鼎国强盛之际筑梦远航，凡志之所趋，皆无远弗届，虽穷山距海，亦不能限也"！

学习日

体验过升旗的爱国教育后，同学们又来到教室，学习习近平总书记讲话精神。

士嘉书院一大班、二大班以小班团支部为单位开展了团日活动，各小班团支部观看并学习了习近平总书记在庆祝中华人民共和国成立70周年大会上的讲话，并进行了热烈的发言与讨论。

197513小班播放了由团支书制作的小班国庆祝福视频，表达了该团支部对祖国的祝福，也追忆了近代沧桑历史，诠释了个人命运与国家历史使命的紧密相连、不可分割。

197517小班分享并学习了习近平总书记在纪念五四运动100周年大会、十九大、全国青联学联换届大会上讲话的精彩片段，感受大国领袖对时代青年的关怀与期望。

197520小班到北京展览馆进行集体学习，感受时代变迁、中国富强。

三大班以大班团总支为单位开展了集体学习的团日活动。会上介绍了习近平总书记在国庆期间发表的重要讲话精神，同学们就"如何以大学生的身份响应国家号召"展开了激烈的探讨，并取得了不错的成果。

伴随着本次团日活动的圆满结束，士嘉书院2019级学子更加坚定了树立

远大理想、热爱伟大祖国的崇高抱负。肩负时代使命,勇于砥砺奋斗,士嘉学子爱祖国、爱航空、爱航天、爱北航。愿皆成士,能嘉其质,经过本次团日活动的学习,相信士嘉学子都会刻苦学习专业知识,锤炼自身品德修为,肩负使命,空天报国。

党校结业

2019-10-13

第一次党课

同学们既紧张又激动

高宁老师将党的历史

以讲故事的方式娓娓道来

让我们如沐春风

2019-10-20

第二次党课

亓老师的讲解深入浅出

同学们很快就理解了

党章的深刻内涵

2019-11-03

第三次党课

彭老师以新奇的方式

为同学们讲述了中国共产党

党史

带着我们

穿过时间的长廊

聆听历史的回响

2019-11-10

第四次党课

崔老师细致讲解了

党的思想历程

在同学们的心中

插下了一面红色的旗帜

2019-11-26

第五次党课

虽是最后一次党课

但刘老师的讲解

激起了同学们极大的兴趣

党校的课程

还是那么引人入胜

2019-12

迎来了我们院党课的结业

今年12月

我们毕业了

也意味着告别

下一征程即将开启

我们仍为争取成为一名共产党员

而继续奋战

回首往事

五次党课的洗礼

为当时迷茫的我们

指引了前进的方向

社会实践、话剧演出、辩论赛

一段又一段难忘的经历

在脑海中回放

感恩遇见

那些我们一起走过的

漫漫时光

2019-12-14

结业考试

一个学期的学习锤炼

等到检验学习成果之时

同学们奋笔疾书

挥洒着党课上的

所学与感想

恭喜第五期士嘉书院学生党校的

各位同学顺利毕业

聚是一团火

散作满天星

愿大家不负韶华

开启一段新的征程

不忘初心

砥砺前行

疫情防控学生宣讲团进士嘉

2020年12月9日14时，"青春抗疫，你我同行"疫情防控先进事迹学生宣讲团走进士嘉书院，在沙河校区J0-004教室开展宣讲活动。士嘉书院2020级全体学生参会。

国际学院专职辅导员赵爽第一个上台，作为学院防疫一线工作组成员，她承担我校562名留学本科生的防疫工作。赵爽从国际学生辅导员工作特点、国际学生的信息统计与摸排工作、国际学生的思想教育与价值引领、关心关爱、抗击疫情的温暖瞬间几个方面讲述了自己的抗疫故事，让同学们更加理解辅导员的辛苦与付出，也感受到了在疫情期间世界各地留学生的支持。

接着，数学与系统科学学院2018级本科生王若宇分享了在家乡湖北宜昌的抗疫经历，从大学生到抗疫志愿者，从居家隔离到参与志愿服务，他深入社区开展服务，做好社区执勤、便民服务和物资分配等服务保障工作。

而后，能源与动力工程学院2018级本科生权胜饱含深情地讲述了自己的抗疫故事，分享了撰写的抗疫青春日记，在疫情中展现了青年力量，体现了青年担当、永葆初心、矢志向前的奋斗经历。

最后，空间与环境学院2018级本科生徐婧雨从线上线下两方面分享了自己的抗疫故事。在线下，她作为村级防控志愿者科普防疫知识、帮助社区居民等方面作出了不懈努力；在线上，她作为团支书通过排演歌舞、组织学习活动等方式带领同学们坚定信心，共抗疫情。

宣讲在热烈的掌声中接近尾声，但北航人的抗疫故事将深深感染和鼓舞在场的同学们继续共抗疫情，共克时艰。

"唱支歌儿给党听"比赛，士嘉获佳绩

2021年，为共庆中国共产党建党100周年，讴歌党的光辉历程和伟大贡献，士嘉书院积极响应学校号召，组织选派由44名优秀士嘉学子组成的嘉士合唱队参加学校"唱支歌儿给党听"学生歌咏比赛。

在校学生合唱团团长胡晏铭和书院专职辅导员申泽鹏的指导下，经过历时两周、共计9次的刻苦排练，合唱队的队员们成功完成了两首参赛曲目的初赛视频录制。士嘉书院分别选取《没有共产党就没有新中国》和《在太行山上》作为参赛曲目。

嘉士合唱队的每一位老师和同学都用心排练，从发起队伍招募到完成初赛视频录制，总共不到两周时间，合唱队的所有同学利用午休和晚间课后时间，每天坚持参与排练，终于达到视频中出色的演唱效果。

4月24日，经过28进8的激烈角逐，士嘉书院选送的嘉士合唱队以出色的成绩从各支代表队中脱颖而出，顺利挺进决赛。

4月29日19：30，"唱支歌儿给党听"学生歌咏比赛在学院路晨兴音乐厅举行，嘉士合唱队在决赛中展现了士嘉风采，以饱满的姿态和昂扬的精神在决赛舞台上展现了完美的演唱效果，践行了士嘉精神，为中国共产党建党百年华诞高歌。最后，嘉士合唱队也取得了十分优异的成绩。

朴实的歌词，热烈的旋律，鼓舞着几代华夏儿女在中国共产党的领导下奋勇前进。嘉士合唱队代表士嘉书院的全体老师与学生，表达了士嘉学子学习陆士嘉先生的精神，彰显士嘉学子投身航空航天事业、谱写时代华章的壮志豪情。

士嘉庆建党百年，举办合唱比赛

合唱现场

2021年6月9日14：30，士嘉书院在咏曼剧场举办"歌声献给党，嘉士谱新章"合唱比赛。士嘉书院院长姚仰平老师、士嘉书院特邀组织员孙颂明老师、士嘉书院执行院长王雷华老师、士嘉书院执行团成员，以及来自校合唱团的专业评委出席了本次活动，士嘉书院全体2020级同学登台献唱。此次比赛满怀着对党的崇敬和热忱，为党的百岁华诞献上了美好的祝福。

合唱演出的舞台上，同学们青春阳光，老师们静谧和善。为了增进师生间的有益联系，营造广大师生上上下下爱党爱国的良好氛围，各支队伍在排演过程中都诚挚邀请到了学校老师们作为助演嘉宾，在比赛现场以嘉士之师的身份，参与到了各支代表队的指导与演唱过程中，和同学们共颂党的百年灿烂与辉煌。

在全部队伍演出结束后，士嘉书院院长姚仰平作总结讲话。他表达了对中国共产党百年诞辰的祝福，围绕着北航人"空天报国，敢为人先"的使命担当，将祖国航空航天事业未来发展的重担寄托于在场的士嘉学子。姚院长勉励同学们要明确自身责任，扎实专业学习，练就过硬本领，立志成为优秀的社会主义建设者和接班人。

姚院长讲话

在活动的最后，姚仰平、孙颂明、王雷华、门雪洁、申泽鹏五位嘉宾上台为获奖队伍和个人颁奖。

歌声献给党，嘉士谱新章。此次合唱比赛不仅是一场美育盛宴，更是一次意义深刻的红色教育。士嘉书院广大师生从歌曲中汲取奋进新征程的智慧与力量，用歌声唱出了对革命先辈志士的无限缅怀，也唱出了对祖国美好未来的向往期待。书院也将以此为契机，进一步创新党史学习教育活动形式，在全院范围内营造庆祝建党百年的浓厚文化氛围，激励全院师生坚定理想信念、增强历史责任感，为实现中华民族伟大复兴的中国梦培育优秀人才。

嘉有大事之
嘉士们的"第二课堂"

　　士嘉大讲堂是士嘉书院为嘉士们开设的一系列内容丰富、形式多样的讲座。在学术方面，士嘉大讲堂邀请各个领域的专家，从航空航天到量子力学，包含学科十分广泛，使得嘉士们都能在士嘉大讲堂中找到各自感兴趣的方向。嘉士们在专家们的讲解中，了解学科前沿，认识学科规律。育人方面，士嘉大讲堂符合新时代下人才培养模式，对嘉士们进行身体素质、心理建设等全方位培养，教会嘉士们如何能成为德才兼备、能长期为祖国健康工作的优秀人才。让我们一起来回顾士嘉大讲堂的精彩内容吧。

第一期士嘉大讲堂举办

士嘉大讲堂 Logo

2017年10月15日16：00，"德才兼优，筑梦士嘉"第一期士嘉大讲堂在沙河校区J0-001开讲。由北航士嘉书院院长姚仰平做专题讲座，364名士嘉学子参加了本次讲座。

姚仰平院长

讲座开始，姚院长关于"人才培养模式下，如何把自己打造成具有个性化的德才兼优人才"的论述就深深吸引了同学们。姚院长以亲身经历，回顾中国以及学校的沧桑巨变，指出同学们正处在为祖国奉献青春智慧的大好时机。他用校训深入阐释了国家对北航学子的殷切期望，并提出五点要求：品德好，情商高，格局大，功夫深，创新强。

随后，姚院长就这五点要求展开讨论，旁征博引，语言风趣幽默。同学们聚精会神，认真记录。其中，姚院长重点分析了创新强的具体要求和表现，并提出希望同学们加以重视的三个方面："理论创新需要扎实的数学基础""工程处处能创新""本职工作需要创新"。在讲座的最后，姚院长认真回答了同学提出的关于创新如何实现和大学生在创新活动中要如何自处的问题。

首期士嘉大讲堂以姚院长对士嘉学子"筑梦士嘉"的祝福语结束。他希望士嘉书院的学生都能用"德才兼备"来要求自己，创新学问，走出人生的大格局。

本次讲座中，同学们领略了姚院长的学术风采和诲人不倦的人师风范，并热情参与、积极思考。相信这样的活动会为士嘉学子指明方向，走向更优秀的未来。

前49讲内容回顾

第一讲：德才兼备，筑梦士嘉

士嘉书院院长姚仰平，为嘉士们讲述了在新时代人才培养模式下，如何把自己打造成个性化的德才兼优的人才。

第二讲：院长论坛——能源与动力工程学院

我校能源与动力学院院长丁水汀，向嘉士们介绍了能动学院本科人才培养目标、能力结构塑造体系、现行总思路和具体措施、成效等。

第三讲：软体机器人讲座

我校机械学院机电工程系教授文力，向嘉士们展示了当前软体机器人的发展与应用前景,激发了嘉士们对该领域的兴趣。

第四讲:院长论坛——航空科学与工程学院

我校航空科学与工程学院院长文东升(现任国际通用工程学院院长),向嘉士们介绍了学院人才培养理念、专业设置、师资规模等情况。

第五讲:院长论坛——生物与医学工程学院

我校生物与医学工程学院院长樊瑜波,从国家需求和服务社会层面带领嘉士们走近生物医学工程学,了解其历史并畅想未来。

第六讲:怎样做一个受人尊重的中国人

香港科技大学协理副校长(研发及研究生教育)吴宏伟,从自身经历出发,让嘉士们明白德才兼备对于一个优秀人才的重要性。

第七讲:中国的火箭与航天

工程院院士龙乐豪,向嘉士们介绍了中国火箭与航天的历史与发展,帮助嘉士们更好地了解了我国的航空航天史,培养了嘉士们的爱国情怀。

第八讲:院长论坛——可靠性与系统工程学院

我校可靠性与系统工程学院院长林京,向嘉士们介绍了可靠性与系统工程专业的历史进程和发展方向,让嘉士们认识到该专业的重要地位。

第九讲:院长论坛——交通科学与工程学院

我校交通科学与工程学院院长邓伟文,介绍了交通的内涵与发展趋势,剖析了驱动智慧交通的空地通信领域与学科,全方位展示了交通学院的风采。

第十讲:院长论坛——材料科学与工程学院

我校材料科学与工程学院院长蒋成保,以材料的发展史为引子,介绍了学院培养理念、专业设置等情况,帮助嘉士们认识全国一流的材料学院。

第十一讲:十九大精神学习系列报告

我校研究生工作部副部长宋晓东、学习贯彻党的十九大精神研究生宣讲团讲师王雪晴、士嘉书院半脱产辅导员刘志威,带领嘉士们真正走进十九大

精神,感悟十九大与生活的息息相关。

第十二讲:杨小远老师与你讲述如何学数学分析

我校数学与系统科学学院教授杨小远,解答了嘉士们学习数学分析的疑惑,与嘉士们交流了学习数学分析中的问题。

第十三讲:学术人生的乐趣

中科院院士黄克智,向嘉士们分享了自己的学术人生感想感悟,使得嘉士们获取智慧,吸取经验,最终获得健康向上的生活态度。

第十四讲:书法的创新暨沙河校区首届书法大赛颁奖仪式

当代著名书法家严学章,通过书法与科研的创造性相遇,使得嘉士们对书法有了新的认识。讲座结束后进行了书法大赛颁奖。

第十五讲:创新引领创业

北京软体机器人科技有限公司(SRT公司)CEO高少龙,通过介绍软体机器人技术开发项目,为嘉士们带来了创新创业的经验分享。

第十六讲:强身健体——冠军学姐带你了解健美运动

IFBB职业联盟职业运动员赵鑫,分享了自己的健身经历,帮助嘉士们树立了强健体魄的运动观念。

第十七讲:学生时代,如何做好职业发展的准备?

超级简历创始人朱英楠,通过分享一些毕业便手持梦想Offer的先例,帮助嘉士们树立求职意识,做好学生时代的先手准备。

第十八讲:院长论坛——机械工程及自动化学院

我校机械工程及自动化学院院长丁希仑,带来了机械工程、工业设计等专业的权威介绍,帮助嘉士们更好地做出专业选择。

第十九讲:人工智能予力智慧社会

我校计算机学院童咏昕教授剖析了生活中的人工智能技术,与嘉士们探究了人工智能的应用与大学学习方法。

第二十讲:航空航天行业发展——青年工程师成长路径

来自中国运载火箭技术研究院战术武器事务部的青年工程师，分享了他的工作与成长经历，为嘉士们带来了启迪。

第二十一讲：无人驾驶航空器关键技术

我校无人系统研究院院长王英勋，介绍了航空器飞行原理、无人机发展历程、无人机功能与地位，加深了嘉士们对无人机领域的了解。

第二十二讲：国之重器——大飞机与航空发动机发展新机遇

工程院院士刘大响，从发动机发展历史、我国现状、航空发动机挑战与机遇、大飞机之梦四个方面进行了介绍，为嘉士们带来了启迪。

第二十三讲：我眼中的舞蹈艺术——王亚彬艺术创作分享会

当代著名舞蹈家王亚彬，讲解了舞蹈的基础知识，分享了她对于舞蹈艺术的独到见解，激发了嘉士们对这门艺术的兴趣。

第二十四讲：全球视野下的国际教育选择

新东方教育科技集团助理副总裁孙涛，解答了留学方面的疑问，给予了出国深造的建议，帮助嘉士们更好地做出生涯规划。

第二十五讲：机场防灾

士嘉书院院长姚仰平，带来了机场防灾、避灾的相关知识，既拓宽了嘉士们的眼界，又提升了大家的安全意识。

第二十六讲：学习与创新漫谈

工程院院士王华明，分享了他多年虚心求学、潜心研究的经历，为正经历高中与大学学习模式转换的嘉士们提供了指引。

第二十七讲：带你走近"鲲龙-600"（AG600）

我校航空科学与工程学院教授刘沛清，介绍了"鲲龙"AG600飞机以及他所负责的相关科研工作。

第二十八讲：浅谈产品研发中的规范与创新

中国航发研究院副总师王桂华，分析了航空发动机研制规律，介绍了企业对工程师专业能力的需求，为嘉士们指明了努力的方向。

第二十九讲：穿越时空的中国陶笛文化

中国陶笛艺术委员会会长赖达富，介绍了陶笛的"前世今生"，带领嘉士们体验了陶笛演奏，感受了其千年风韵。

第三十讲：新量子革命——从量子物理基础检验到量子信息技术

中科院院士潘建伟，从量子物理到量子信息技术，一步步为嘉士们解开了量子通信的神秘面纱。

第三十一讲：故宫博物院藏钟表的修复与保护

国家级非遗古代钟表修复技艺传承人王津，从院藏钟表的角度，带领嘉士们一睹"网红"故宫的文化底蕴和历史风采。

第三十二讲：角色，一个演员的独白

国家一级演员冯远征，讲述了他如何塑造一个个栩栩如生的角色，揭秘了演员"高薪""轻松"职业背后的汗水与泪水。

第三十三讲：书法文化与文化书法——王建勋书法篆刻分享会

当代著名书法家王建勋，分享了他的作品，以及他对书法篆刻艺术的独到见解，为嘉士们的艺术修养带来了提升。

第三十四讲：虹云工程进展

"虹云工程"总设计师向开恒，介绍了工程的最新进展，加深了嘉士们对商业航天的了解。

第三十五讲：航空科技与创新思维

当代知名科普作家王亚男，从他的角度分享了"航空"与"创新"的联系，提出了培养创新思维的方法，为嘉士们指明了提升的方向。

第三十六讲：商业航天，我们的目标是星辰大海

星际荣耀副总裁姚博文，介绍了"双曲线一号"遥一的研究经历，分享了星际荣耀如何实现民营运载火箭从零突破的经历，带领嘉士们看到了商业航天的前景。

第三十七讲：谈"全球视野教育"，我们为何要走向国际

新东方前途出国北京总裁司明霞,介绍了高校学生走向国际的价值以及全球视野教育,帮助嘉士们认识和规划自己的留学之路。

第三十八讲:犹太民族的灵魂——克莱兹默音乐讲座

当代著名单簧管演奏家陶旭光,携乐队带来一场克莱兹默音乐盛宴,带领嘉士们领略犹太风格音乐的独特魅力。

第三十九讲:工业智能科技前沿与青年企业家成长

天泽智云副总裁史喆,分享了他的创业经验与历练心得,介绍了当今工业领域对人才的需求,给予了嘉士们生涯规划方面的指点。

第四十讲:商业航天认识与实践

航天科工空间工程副总经理贝超,分享了他参与的研究项目,介绍了商业航天的发展前景,为嘉士们带来了启迪。

第四十一讲:培育创新基因

士嘉书院院长姚仰平,为嘉士们解析了北航特色人才培养模式,剖析了创新在大学的重要作用,以己为例,现身说法,鼓励大家在大学生活中打下良好的创新基础。

第四十二讲:火星,中国来了!

中科院国家天文台研究员郑永春,以新颖出奇的形式,深入浅出地讲解引领嘉士们一探"荧惑"之谜,在传授知识的同时激发了大家对于火星的好奇与向往。

第四十三讲:大数据时代的开源协同创新

Apache IoTDB国际开源项目副总裁黄向东,立足于现实,着眼于世界,进一步增进了嘉士们对大数据的认知,并对嘉士们寄予殷切期望,希望大家培育创新精神,继续探索大数据的奥秘。

第四十四讲:中国航天器事业的发展与展望

中国空间技术研究院研究员郭振伟,讲述了中国航天器的古往今来以及对未来的展望,传承中国航天精神,使嘉士们受益匪浅,并对航天器有了进一

步的了解。

第四十五讲：奋斗铸就辉煌——中国航空工业简史

原中国航空工业特级专务、《中国航空工业史》编修办公室主任王荣阳，以两个问题引出讲座主题，展现百年来航空人艰苦卓绝的奋斗历程，并进一步与大家分享了对于中航工业历史和未来的思考。

第四十六讲：从景观看北航——北航历史文化若干片段

北航人文社会科学学院原党委书记、现任学校老教授报告团常务副团长郑彦良通过对几十张照片的解读，讲述了照片背后的故事，突出北航精神、北航校风校训的传承。

第四十七讲：从空天文明到赛博文明

中国航天工业集团信息技术中心原首席顾问、中国船舶独立董事宁振波，为嘉士们介绍了空气动力学科研前辈的故事与航空人才的发展道路，分析讨论了我国过去航空工业数字化变革的发展之路，强化了同学们空天报国的价值追求。

第四十八讲：文化迷思与文化自信

中国传媒大学人类命运共同体研究院院长李怀亮，讲解国家自我意象和追求，阐释了文化内涵，帮助同学们走出文化迷思，建立文化自信，使同学们对文化的横向移植有了更充分的理解。

第四十九讲：交通强国建设

交通运输部规划研究院综合运输研究所副所长马衍军，为嘉士们介绍了建设交通强国的必要性，解读了交通强国建设重点以及国家综合立体交通网规划发展方向，使同学们对国家交通行业现状与"交通强国"战略有了更深的理解与认识。

嘉有大事之
嘉年校庆，共书华章

　　五湖四海会一堂，共庆嘉年缘起时。从历史的长河中走来，你是祖国航空航天发展之基石；从流淌的时光中走来，你是众多北航学子圆梦之开篇。我们总是赋予时间以节点的意义，你的诞辰，是你崭新的开始；你的生日，是我们一个又一个落笔描摹的未来、书写篇章的伊始。现在，让我们走进这一个个过往，共庆"嘉"节，共书华章。

庆北航 65 华诞

2017 年 10 月 25 日，北航迎来了它的 65 岁生日。士嘉书院的小嘉士们，为它献上了最美的祝福，一起来看看吧！

（12 班）

金秋时节，丹桂飘香，最美时节，踏入北航，迎来您 65 岁生日。在这被称作家的地方，在这用银杏叶编制飞天梦的地方，我们起航、飞跃，我们终将以自己的方式，书写崭新的华章！

（13 班）

您轻轻走来，携着沉甸甸的历史，承载祖国与民族的责任；秉着日益创新的发展，助力代代学子的梦想。空天报国的热血因您沸腾，世界一流的目标因您宣告。祝您在风起云涌中再铸辉煌！

（14 班）

北航从创建到今日，已然过去 65 载春秋。而我来到这里，却只有 65 天。诚然，65 天里我无法阅尽它的芳华，但却可以体会它 65 载沉淀所积攒的底蕴和文化。我愿以我在学校里的全部光阴，来领略、欣赏母校的至美。愿母校 65 周岁生日快乐！

（17 班）

65 年的砥砺前行，您为祖国培养了一代又一代的领军骄子，您撑起了中国空天的脊梁。回首，大国的蓝天上留下了您的心血；仰望，强国的路途中北航将续写华章。在北航 65 岁的生日之际，我们新一代北航人，祝北航的未来更加辉煌！

（21 班）

65年风雨兼程,您从无到有;65年砥砺奋斗,您由弱到强。您用65年诠释了"德才兼备,知行合一"的校训,您用65年诠释了伟大的航天精神!在北航建校65周年之际,我们在此祝母校宏图更展,再续华章!

(29班)

65岁北航,愈发步入盛年,怀着年轻的梦走向远方。祖国的期待久落肩上,星空的展望扬着波浪,燃烧的热情背后是坚守的宁静。此时此刻,愿北航终将引领世界起航,愿北航人成为一代辉煌!

(23班)

过去,您以谆谆教诲,训诫我们德才兼备,知行合一,培养了一批批遍布大江南北的优秀人才,薪火相传,至今已65载,北航人齐心协力,北航精神历久弥新。在此,177523小班全体学员为您庆生,您的教诲,我们定会牢记于心,成为新时代的北航人。

(22班)

65年,是从蹒跚到稳健;65年,是从萌芽到一流;65年,见证了一代代北航人的智慧和汗水;65年风雨兼程,目睹了一批批科技成果的诞生!一七年金秋,六五岁北航,追梦赤子心,空天报国情!

(25班)

它,从硝烟走来,跨越峥嵘岁月;开拓共和国航空航天事业,危难时刻挺身而出;从未闭上仰望星空的眼睛,从未停止脚踏实地的步伐;把"德才兼备、知行合一""爱祖国、爱航空、爱航天、爱北航"刻在每位学子心中。它,就是北航!为校庆65周年献礼!

(26班)

"天何所沓?十二焉分?日月安属?列星安陈?"千百年来,屈原的《天问》已成亘古的绝响;65载,北航循着屈原足迹,向着自古神圣的"天",默默探寻着。能志否,只须嫌志小;敢争否,破釜学霸王。这,是65年来的北航之魂!65载,是的,北航65岁了,但北航从未老去。亘古苍茫中,它会一直问天,一直……

（11班）

六十五年育英才

历代名庠耀光芒

怀志星空甘寂寞

无言奉献卫国家

科技兴邦焘凤凰

捷报频传名风扬

今日恰逢风正举

宏图更展创辉煌

（19班）

硝烟里走来

蔚蓝下成长

穹顶上翱翔

风雨兼程，不忘的

是星辰的梦想

65载，不变的

是空天的方向

（15班）

悠悠飞天梦

数载航空情

飞向深空的每一枚火箭

燃烧的

都是北航人的热情

成功完成的每一次任务

倚靠的

都是北航人的情怀

烽火硝烟的年代里

你承担起飞行的重量

艰难前行的岁月里

你仍然坚守着梦想

北航，中国航空航天梦

由你执笔书写

我们的航空航天梦

由你提供力量

65岁生日快乐

（16班）

你应祖国召唤而生

让空天报国

扎根在

每个北航学子心中

你是后起之秀

奋起直追

跻身双一流大学行列

你励精图治

敢为人先

让中国空天的辉煌

震撼世界

65载春华秋实

祝福北航生日快乐！

（18班）

六十五载逢盛世

赤子热血誓报国

他日习得缚龙艺

直上云霄望太虚

（20班）

秋逢六十五，初遇十八颜

流沙聚成河，共诉心声贺

悠悠岁月，脸庞上是荣光

桃李芬芳，撑起空天脊梁

65载匆匆而逝

不忘初心，砥砺前行，满载荣耀

扎根中国大地

走向世界一流

祝母校65周岁快乐！

（24班）

65年来，你图强蓝天

资源紧张，依然大战一百天

飞机送上天

苦学前沿

只为赶国际局势

护祖国地

接连突破

自然显北航精神

展科研实力

爱国奉献，敢为人先

母校，65岁生日快乐！

（27班）

从65年前的一穷二白

到65年后的世界前列

从100天智造"北京一号"

到辽宁舰上歼15掠海而过

65年来，你不断创造辉煌

你是我的母校——北航

祝福你65岁生日快乐

祝愿你在新的时代定义更强！

（28班）

育人育德育多年盛况

立业立志立四海名校

万古犹传风雅趣

65年仍飘翰墨香

传薪播火风雨兼程

喜继往开来代有精英登虎榜

万千次革旧创新品学

并重看腾蛟起凤每凭实力上青云

十载树林，新苗成材

桃李满天下

65年育人，栋梁荣中华

65年老校，桃李遍天下

神州大地，英才展风华

庆北航 66 华诞

今天是 2018 年 10 月 25 日

北航迎来了它 66 岁的生日

66 载的峥嵘岁月

记录了筚路蓝缕的艰辛开拓

写下了空天报国的铮铮誓言

德与圣贤齐

才雄子云笔

兼知花草春

备识天地意

知心似古人

行尽崎岖路

合流知禹力

一诺千金信

我愿把一切的美好封进信笺

随着飞机的轰鸣声带给你

北京航空航天大学

66 周岁生日快乐

66 年的不忘初心

66 年的砥砺前行

吾辈必当勤勉

持书仗剑耀中华

值此你的 66 周岁

我们更应该真挚地说一声

我的北航，生日快乐！

庆北航 67 华诞

今天是 2019 年 10 月 25 日，北京航空航天大学迎来了它的第 67 个生日。

德才兼备，知行合一；北航校训薪火相传。

尚德务实，求真拓新；世纪之声久久回响。

求是至善，宁静致远；嘉士院训铭记于心。

盛世如斯，永怀空天报国的初心。

星河滚烫，难忘北航光阴的故事。

那一年，一纸决策，航空高等学府应运而生，八系合并，首所航空大学初露锋芒；那一天，未来红色工程师踏进北航的校园，航空航天梦正式融入北航的血脉。

这一年，建国 70 周年，峥嵘岁月，看如今山河锦绣，创业 67 载，筚路蓝缕，待吾辈来日方长；这一天，北航学子齐聚一堂，共赴六七校庆之约。

让我们共同祝福，北航 67 岁生日快乐！耳边响起《仰望星空》，那熟悉的旋律，是国家对北航学子的期许；口中哼唱着《北航北》，我们力耕园中葵，期盼航天梦有归。

北航从历史中缓缓走来，一代又一代的北航学子传承北航精神；北航在现实中砥砺奋进，一次又一次的创新与突破都难能可贵；北航在未来将继续奔跑，一年又一年的奋斗终能求得航空梦圆。

6 与 7，这两个跨越了半个多世纪的数字，巧妙地结合在了一起。在那时，有来自 1952 年的火热激情；有来自 1988 年的欢欣鼓舞；有来自 2019 年的热情澎湃。无论先后，不计次序，这些，都在澄澈的天空下，汇成一首诗：

红

赤诚

北航心

空天报国

兼备德与才

融合了知与行

凝集有至善的紫

沐浴过求是的春风

身处首都但心如止水

你牢记使命而展翅高飞

立足不凡并志存高远

你已经历六七岁月

我带着一颗心来

祝你生日快乐

真挚永不变

正如这种

北航情

浩瀚

蓝

碧空高，星辰远，飞天路漫漫。

心所想，力能达，报国情真真。

敢为人先，衷心祝愿——生日快乐，亲爱的BUAA！

庆北航 68 华诞

2020年10月25日，是北京航空航天大学的68岁生日。10月24日，各个大班都已准备精彩的外场活动为母校庆生。

一大班：探索未知星球，征服星辰大海。10月24日一早，207501大班的同学们就开始紧张地布置展位，九点整，活动便正式开始。一大班为大家带来了许多活动，最具特色的是"火箭投准"。只要站在展位前，将自己组装的火箭模型投入不远处幕布上代表各个星球的圆框内，便可获得奖励。此外，还有"口罩DIY""快问快答""答非所问""你画我猜"等小游戏，不少同学在展位上为自己的口罩亲手作画后，也在其余几个紧张有趣的小游戏中获得了快乐。

二大班的活动有：①投篮：多投多得；②娃娃机：带娃娃回家；③ Puzzle金锁系列；④合照集章获礼品；⑤时空胶囊，等待你的有缘人。在辅导员邹志诚的指导下，二大班全体班委顺利地组织了本次校庆嘉年华活动。通过此次嘉年华，同学们锻炼了组织能力，增强了集体意识，加深了对学校的热爱之情与身为北航学子的自豪之情。

三大班：人人都说校庆好，吃喝玩乐少不了，试问诸君往哪看，三班摊位风景好。三大班策划了扔垃圾小球、你说我画等有趣的小游戏，还设置了水果捞摊位，提供了多种多样新鲜可口的水果与小零食。除此之外，三大班还为大家准备了明信片，贴纸等多样的纪念品(原创限量)，可以通过游戏、DIY等多种方式获得，更有可爱的玩偶在三大班摊位迎接大家的到来。

四大班设立了寿司制作摊位，大家可以通过套圈游戏获得含未知食材的盲盒，然后利用游戏环节得到的食材(以及基础食材)，各支队伍自行制作寿司，现场将提供多种制作方法的指导。参与者与小伙伴享用完毕以后，记录

制作和品尝瞬间并"晒圈"集齐指定数量赞,即可兑换指定礼品。

　　陆捌北航,风华正茂!聚士成嘉,独此一嘉!让我们一起祝北航68岁生日快乐!

嘉有大事之
四方英才齐聚，
共助嘉人成士

　　士嘉训练营作为书院特色项目，由书院重点建设。不同于大讲堂，训练营形式更具多样性、灵活性，例如科创训练、社会实践、参观访问等，包含了众多精品课程和实践拓展，主要分为理想信念类、知识学习类、能力锻炼类和实践求知类四大类，每次50人左右，是士嘉学子综合能力的提高营。

士嘉训练营第一季

第一讲：大学何为——浅谈大学综合素质培养与生涯规划(邵英华，2017-10-28)

士嘉书院专职辅导员邵英华向大家介绍了大学何为，分享辅导员工作体会并介绍了大类培养与书院建设以及士嘉训练营。

第二讲：新媒体、新技术、新管理——学生新媒体中心建设运营管理机制交流(孙仲超，2017-10-20)

可靠性与系统工程学院大四本科生、北航新媒体团体负责人孙仲超，结合自媒体时代到来的趋势，分析掌握自媒体平台使用方法的重要性，详细介绍了新媒体、新技术、新管理。

第十五讲："学习十九大精神，涵养空天报国情怀"现场团课(邵英华、刘志威、专业讲解员等，2017-12-02)

围绕"不忘初心，砥砺前行"的主题，同学们参观了北航校史馆、航空航天博物馆、北航砥砺奋进的五年展以及重点实验室，感悟前辈的精神——砥砺前行、积极奋进。

第十九讲：北航AERO方程式赛车队经验交流(北航AERO方程式赛车队，2017-12-12)

校内最大的学生科技实践创新平台——北航AERO-SEGWAY方程式赛车队，分享交流了他们的科技实践经验。

第三十一讲：青年工程师面对面之机械工业仪器仪表所王成城校友(王成城，2018-01-06)

机械工业仪器仪表综合技术经济研究所标准与检测中心、高级工程师王成城，讲述了航空航天学子的典型与非典型发展之路，使嘉士们认识了机械工业仪器仪表所并对日后成长有所规划。

士嘉训练营第二季

第一讲：航空航天大类学生科技创新论坛开幕式暨北航"冯如杯"学生科技竞赛专题讲座(刘洋，2018-03-11)

刘洋向同学们介绍了"冯如杯"的历史文化、竞赛流程，分享了参赛经验，使嘉士们对冯如杯有了更深入的了解。

第三讲：Angela贝贝老师葫芦丝课程开班(陈贝，2018-03-12)

士嘉工作坊新学期特色课程开课，陈贝老师教授葫芦丝。嘉士们不仅从中学会了葫芦丝技巧，更是获得了学习之外的放松。

第四讲：生涯唤醒与学业规划工作坊课程(苏文平，2018-03-20)

通过运用科学体系提醒同学们重新设立学习目标，帮助分析大学阶段与中学阶段学习特点的差异，从专业特点的角度介绍基础课与未来专业的关系，有效帮助同学们汲取新的学习动力。

第十二讲：身边的易咖，智能化咖啡机带来的校园生活新体验(王鹏，2018-04-23)

北京易咖科技有限公司联合创始人王鹏向嘉士们介绍了智能咖啡机为校园生活带来的全新体验。

第十四讲：这就是真实的广播电台(湘麓，2018-04-27)

湘麓向嘉士们介绍了真实的广播电台，让嘉士们对于广播电台有了更加深入的了解。

第十五讲：青年学生榜样大家谈(14位优秀学生榜样，2018-05-06)

本系列训练营历时四周，采取面对面交流座谈的形式。嘉士们和14位优秀的学生榜样一同交流，汲取经验，有助于其自身发展。

第十九讲：同学，这次真的是在修飞机(Ameco公司，2018-05-25)

带领嘉士们走近北京飞机维修工程有限公司(Ameco公司)，了解航空工

程行业发展,并参观访问,使嘉士们了解公司培训体系和课程安排,并参观了机位机库。

第二十讲:用魔术塑造一个有趣的人(孙峥,2018-05-25)

嘉士们见识了中国"最有趣"的魔术,看到了国内唯一的"魔术戏剧",不仅仅学到了神奇的魔术,更是将它们运用到生活之中,学会让自己成为有趣的人。

第二十二讲:Origin使用教学重磅来袭(侯盼盼,2018-06-07)

材料科学与工程学院的侯盼盼同学,向嘉士们介绍了实用的Origin教程,帮助嘉士们解决实验中的数据处理问题。

第二十四讲:自我认知与探索(冀赵杰,2018-06-22)

冀赵杰通过短暂的交流,让嘉士们学会如何正视自己,找到自我定位和认知,探索自身性格、兴趣、技能、价值观的方法,助力自身发展。

士嘉训练营第三季

第一讲：何为大学，大学何为（邵英华，2018-09-26）

邵英华介绍了书院各品牌活动，讲述了大学生成长生涯规划，加深了嘉士们对士嘉训练营的了解，并对大学生涯有了进一步的规划。

第二讲：北航Ace魔术社的魔幻之夜（北航Ace魔术社，2018-09-29）

北航Ace魔术社联合其他高校魔术社以及多位职业魔术师带来一年一度的魔幻之夜，充实嘉士们的国庆节假期。

第三讲：机器人面对面（北航机器人队，2018-10-12）

北航机器人队介绍了该队的队伍文化和历史，讲述了有关机器人的学习思路，分享了有关机器人的学习资料，加深了嘉士们对机器人学习的了解。

第五讲：北航创协（杨昊，2018-10-18）

北航"面向创业，服务校园"系列活动，邀请杨昊为嘉士们介绍创业知识。

第八讲：精品通识课《人工智能与大数据前沿技术探索》第一课（史喆，2018-10-22）

士嘉学业与发展支持中心与北京天泽智云科技有限公司合作，推出通识课程——《人工智能与大数据前沿技术探索》，提供了工业智能化和大数据技术的理论教学及应用实践，介绍了前沿科技概览。

第九讲："我的跨行业创业之路"（孙攀，2018-10-25）

成功的跨行业创业者孙攀向嘉士们讲述他跨行业创业的故事，如何从"门外汉"转变成"专家"，真正实现角色转型。

第十一讲：湘麓带你游电台（湘麓，2018-10-28）

北京人民广播电台北京城市广播节目主持人湘麓老师带领大家前往北京人民广播电台，和节目主持人交流节目制作心得。

第十二讲：视频编辑"干货"暴击(刘汉琛，2018-11-01)

士嘉宣传部为嘉士们带来了一系列"干货"满满、内容丰富的技术软件培训，让嘉士们更加深入了解视频制作。

第十三讲：如何做出优秀的平面设计(吴泽豫，2018-11-03)

吴泽豫带嘉士们认识排版、图片，并介绍排版、配色、PPT制作的一些思路、原则和实践经验，让嘉士们更好地掌握版面设计的技巧。

第十四讲：一张开往航天五院的车票(中国空间技术研究院，2018-11-10)

受士嘉共同体单位北京卫星环境工程研究所邀请，嘉士们前往中国空间技术研究院参观学习。

第十五讲：走！晓雪老师带你探探鹫峰秋天的尾巴(刘晓雪、龙婷，2018-11-04)

两位老师带领嘉士们见识各种珍稀植物，欣赏美丽自然风景，并了解林业工作者的主要工作内容，一同领略鹫峰之美。

第十七讲：校际共享课——我的教育人生(顾明远，2018-11-06)

嘉士们到北师大听顾明远教授以一名老师的身份分享他的教育人生，使同学们受益匪浅。

第十八讲：校际共享课——戴玉强，"戴"你唱歌(戴玉强，2018-11-15)

旁听中国著名男高音歌唱家戴玉强，为北京师范大学艺术与传媒学院音乐系三位学员进行的现场教学指点，加深大家对歌唱的理解。

第十九讲：用魔术塑造一个有趣的人(孙峥，2018-11-20)

中国小剧场魔术第一人孙峥向嘉士们展示了魔术的奥秘，并希望大家都能拥有有趣的灵魂。

第二十讲：中国航空博物馆(2018-11-22)

嘉士们前往中国航空博物馆，参观博物馆并学习飞机发展史和飞机构造等。

第二十一讲："走心"经验交流(王语霖、栗琪凯、贾一凝，2018-11-22)

　　三位优秀同学以面对面交谈的方式分享学习经验,让嘉士们对大学的学习生活有更加深入的了解。

　　第二十二讲:《人工智能与大数据前沿技术探索》第二课 工业智能案例研讨(史喆, 2018–11–30)

　　本次课程包含了工业智能实践案例分享以及对智能风场、智能工具机、通用工业智能技术的应用发展趋势的讨论。

　　第二十四讲:何为"实践"——社会实践经验分享会(王睿、林楠、张真睿、张海峰, 2018–12–07)

　　四位优秀实践队队长为大家传授经验,让嘉士们能够更加深入了解实践知识。

　　第二十七讲:"互联网+火箭",走进双创企业(2018–12–20)

　　嘉士们参访士嘉共同体成员单位京东物流和星际荣耀空间科技有限公司,近距离感受科技魅力。

　　第二十八讲:李佳学长带你"飞"(李佳, 2018–12–20)

　　李佳讲述了亲身经历,分享了学习和生活经验,与嘉士们进行朋辈间无阻碍地交流,让大家拥有一个站在巨人肩膀上看风景的机会。

　　第二十九讲:数学建模带你"飞"(冯伟, 2018–12–26)

　　冯伟老师介绍了数学建模竞赛的相关信息并给予指导,帮助嘉士们更好地参加建模竞赛。

士嘉训练营第四季

第五讲：这次去晓岛，不用预约啦！（2019-03-16）

嘉士们来到了致力于倡导公共阅读、思想文化与艺术生活的全新文艺空间——晓岛。

第六讲：周培源力学竞赛经验分享会（肖杰文，2019-03-24）

曾获全国周培源大学生力学竞赛特等奖的肖杰文同学通过面对面交流的形式为嘉士们的学习规划提供指导和帮助。

第七讲：《我是谁·校园版》魔术（孙峥作品团队，2019-03-25）

孙峥作品团队带来《我是谁·校园版》，让嘉士们感受魔术的魅力，收获温暖的惊喜和感动。

第八讲：机器人足球赛第一次培训（张耀中，2019-03-31）

士嘉书院科创中心为嘉士们组织了"普朗特杯"机器人足球赛相关的培训，带领同学们做出自己心仪的足球机器人。

第九讲：出国交流经验分享（陈达、慕怀毅，2019-04-03）

两位学长分享了出国交流故事和暑期项目成功申请的经验，强调了注意事项和"雷区坑点"，解答了嘉士们提出的问题。

第十讲：出国项目经验分享（肖鉴开、付静雯，2019-04-17）

两位学长学姐介绍了北航的交流项目与交换项目，分享了远航项目心得，并介绍了国内外升学和衣食住行的区别。

第十五讲：极限飞盘知多少，户外体验见真章（张熙源、梁俊康、闫相龙，2019-04-21）

"士嘉训练营"内容为实际项目节选，故未从第一讲开始，以下不再作注。——编者注

嘉士们深入了解了极限飞盘运动,并在户外体验环节中亲身体验到了飞盘运动的乐趣。

第十六讲:滑板历史与文化(杨春晓,2019-04-19)

北京燃烧冰滑板店的专业讲师杨春晓介绍了滑板的历史、基础配件、周边产品和玩法等,让嘉士们对于滑板有了更进一步的认识。

第十八讲:出国项目经验交流(韩旭、房新悦,2019-04-23)

两位学长学姐讲述了他们在出国交流时的故事,分享了交流经验。

第十九讲:魔幻之夜(Ace魔术社,2019-04-28)

Ace魔术社一年一届的大型晚会——魔幻之夜带来了精彩表演,带领嘉士们踏入魔术的神奇领域。

第二十讲:第三十一次长安街读书会(2019-05-19)

长安街读书会联合团中央"青年之声"学习者服务联盟、北京航空航天大学出版社等单位发起"不忘初心 青春报国"集体读书会,围绕《禁地青春》一书,特邀该书作者及代表嘉宾,从书本到现实,从理论到实践,共同学习发扬五四精神和青春报国的伟大意义。

第二十一讲:配音乐动沙河(2019-05-22)

北航学子前往由外交学院与中央财经大学联合举办的"弦歌不辍七十载,砥砺奋进新时代"配音比赛参观。

第二十二讲:可以触摸的"安全"(2019-05-24)

嘉士们前往实地参与绳结训练、触电救助、急救自护、交通安全、震级体验、灭火实战、烟雾逃生、宿舍安全八个项目,学习安全知识。

第二十三讲:数学建模带你"飞"(冯伟,2019-05-29)

在全国数学建模大赛即将来临之际,冯伟老师向要参赛的嘉士们介绍数学建模竞赛经验,为嘉士们助力。

第二十四讲:实践沙龙("传承之焰"支教团,2019-05-29)

"传承之焰"支教团第四期队长王睿学长,为嘉士们分享社会实践的经验,让嘉士们的暑假生活更加充实有趣。

士嘉训练营第五季

第四讲：打开天文之门（廖胤权，2019-10-18）

北斗巡星会的成员廖胤权带大家了解天文与生活的关系，让原本看似遥不可及的天文学"触手可及"。

第五讲：社会实践知识科普（郭临稷、曲保端，2019-10-29）

嘉士们了解了社会实践的相关知识，听取了辅导员和学长的社会实践经验心得，对社会实践有了更加深入的了解。

第六讲：如何把英语口语"Duang"成"Native水平"（苏浩，2019-10-20）

苏浩学长分享了提高英语口语水平的技巧和方法，嘉士们受益匪浅。

第九讲：阳光生活，羽动人生（王书楷，2019-10-30）

羽协社长暖心向嘉士们讲述羽毛球的知识和技巧，加深了同学们对该项运动的了解。

第十讲：极限飞盘知多少（张熙源，2019-10-26）

张熙源学长向嘉士们介绍了竞技飞盘并展示了高超的飞盘技巧，加深了同学们对该项运动的了解。

第十一讲：如何完成一辆方程式赛车（曲云龙，2019-11-02）

曲云龙学长介绍了电动方程式赛车，让大家对方程式赛车有了更加深入的了解。

第十二讲：这样备战托福，可以（赖苏闽、潘晨光，2019-11-06）

赖苏闽、潘晨光老师向嘉士们阐述了托福的作用和备战方法，让大家备考托福时能够更加胸有成竹。

第十三讲：行业认知——金融行业与信息安全（张大健，2019-11-15）

北航校友张大健博士，讲述了金融行业生态、金融认证相关产品技术、信息安全相关产品技术,带大家认识了金融行业与信息安全。

第十五讲:期末极限飞盘友谊赛(2019–12–07)

飞盘社组织了期末极限飞盘友谊赛,让大家在紧张复习之余享受竞技的乐趣。

第十六讲:与滑板近距离接触(王嘉豪,2019–12–15)

嘉士们不仅深入了解了酷炫的滑板文化,还在学长学姐"1对1"指导下亲自体验了滑板运动。

第十七讲:寒假社会实践行前培训(胡肖,2019–12–15)

士嘉书院团委实践部副部长为大家介绍社会实践,为大家有一个充实有趣的假期做准备。

第十八讲:如何做"高端大气上档次"的PPT(吴泽豫,2019–12–18)

吴泽豫系统性地为嘉士们讲述了排版技巧,讲解了PPT制作的关键技巧,帮助同学们学习掌握制作"高大上"PPT的方法。

第二十讲:大学起跑,科创领航(郑奕,2019–12–21)

士嘉书院科创工作负责人郑奕辅导员,指导大家如何在大学"跑"出自己的科创之路。

士嘉训练营第六季

第一讲：大学筑基——大一下学期学业与发展(邵英华，2020-04-03)

邵英华辅导员做了大一上学期学业与发展总结和居家自主学习效果评估，探讨了大一下学期学业与发展重点并介绍了训练营第六季课程计划。

第二讲：暑期社会实践培训(姜锐，2020-04-12)

士嘉书院团委实践部部长姜锐，为大家讲解了暑期实践的注意事项，分享了实践经验，让嘉士们进一步做好暑期实践准备。

第三讲："冯如杯"经验分享(王楚芊、张宇涵，2020-04-17)

两位学长分享了"冯如杯"的参赛经验，助力嘉士们参加"冯如杯"竞赛。

第四讲：士嘉有young，青年榜样(于豪，2020-05-03)

于豪学长富有热情地为大家提出了建议，帮助嘉士们不断提升自己。

第五讲：士嘉有young，青年榜样(孟文沁，2020-05-02)

孟文沁学姐向大家提供了一些建议，帮助学弟学妹们以梦为马，不负韶华，成为真正的"嘉士"。

第六讲：士嘉有young，青年榜样(邹志诚，2020-05-17)

邹志诚学长与嘉士们分享了他的个人经历，为刚步入大学生活的嘉士们照亮了前进的方向。

士嘉训练营第七季

第一讲：何为大学，大学何为(邵英华，2021-10-15)

士嘉书院团委书记邵英华和大家探讨了大学目标、机会、渠道、准备与收获，帮助大家规划自身的大学生涯。

第二讲：演讲与口才之表达基础(梅林岩，2020-10-22)

高级企业演讲口才培训师导师、帮助大家从视、听、触三方面理解表达的共同处理规则，帮助广大学员克服紧张，收获自信，增强舞台表现力。

第三讲：Arduino呼吸灯制作(陈智东，2020-10-25)

机械工程及自动化学院陈智东学长向大家介绍了Arduino平台，并细心教导大家如何使呼吸灯成功运作。

第四讲：推送制作指南：带"萌新"们做出干净好看的排版(田雨，2020-10-31)

士嘉书院学生会主席团成员田雨向大家介绍推送技巧，教"萌新"如何打磨内容与形式，制作好看又好玩的推送。

第五讲：开启神秘的科创之门(蒋诗意、楼雨杼，2020-11-06)

能源与动力工程学院两位学长蒋诗意与楼雨杼，详细介绍了科创比赛的相关体系，分享了各自的科创经历和科创经验，为大家指点迷津。

第六讲：行者讲堂——何为骑行(刘腾杰、宁岩、王嘉沐，2020-11-05)

北航自行车协会社长刘腾杰和协会成员宁岩、王嘉沐向大家介绍了骑行之美、骑游之趣、竞技骑行、自行车上的工科知识、骑行前的准备以及北航自行车协会的相关情况。

第七讲：学生工作与日常学习的平衡(刘志威，2020-11-07)

材料科学与工程学院学长刘志威向大家解惑，如何在学业与学生工作之

间找到平衡,以及如何在大学四年里"文""社"两开花。

第八讲:北京大学生纸桥承重比赛培训(北京化工大学学生工作办公室,2020-11-10)

北京化工大学发起北京高校联合纸桥承重大赛,锻炼和发掘同学们的创新能力和动手实践能力,拓展同学们课外科技活动的空间和渠道,激发同学们对科普的热情与探索精神,丰富校园文化活动。

第九讲:计算机"大神"速成训练营(孟亚鹏,2020-11-15)

士嘉书院2019级学长孟亚鹏为嘉士们传授工作生活中的计算机小技巧,内容涵盖Excel、爬虫,等等。

第十讲:支教实践经验分享(王逸君,2020-11-22)

士嘉书院2019级学长王逸君向嘉士们分享了丰富的支教实践经验,帮助大家成长为一名优秀的志愿者。

第十一讲:构建导师与学生的桥梁(王源鹤、郑卓、吴畅、陈家林,2020-11-29)

士嘉书院2019级学长学姐们向大家分享了导学经验,并教大家如何进行导学活动。

第十二讲:调研类社会实践经验分享(郭临稷、王源鹤,2020-12-02)

能源与动力工程学院2019级辅导员郭临稷和2019级学长王源鹤讲述了什么是调研类社会实践,并介绍了心起点实践队。

第十三讲:爱情、婚姻与家庭(李东艳,2020-12-02)

北京林业大学心理咨询中心副主任李东艳与嘉士们交流爱情、婚姻与家庭,帮助大家更好地经营人生。

第十四讲:"材料开放日"带你探秘材料科学实验室(王华明、宫声凯、顾铁卓,2020-12-02)

王华明院士、宫声凯院士、顾铁卓副教授带领嘉士们参观沙河校区实验室,接触前沿技术,感受材料学科的魅力。

第十五讲：新闻稿撰写与会议摄影(门雪洁，2020-12-04)

士嘉书院专职辅导员门雪洁向嘉士们讲授了新闻稿的撰写技巧与会议摄影技术。

第十六讲：从零开始的社会实践暨"育暖航行"实践队宣讲会(陈瑞婕，2020-12-07)

陈瑞婕学姐向大家分享了社会实践的知识、经验与建议，介绍了"育暖航行"实践队与寒假实践规划。

第十七讲："新星杯"小车比赛赛前培训(种柯涵，2020-12-09)

机器人协会技术部部长种柯涵教授大家组装小车，以及如何使用蓝牙模块与L298N电机电池驱动模块。

第十八讲：极限飞盘知多少(张熙源，2020-12-20)

飞盘社社长张熙源介绍了极限飞盘运动，讲解了飞盘规则并传递了极限飞盘精神。

第十九讲：青年工程师成长路径研讨(士嘉书院企业导师、可靠性与系统工程学院学生，2020-12-17)

士嘉书院企业导师和可靠性与系统工程学院学生讲述了"大类培养行业认知与校友成长发展"，帮助士嘉学子们选择专业。

士嘉训练营第八季

第一讲：羽毛球来啦(王金，2021-03-08)

沙河校区羽毛球协会负责人王金向嘉士们介绍了羽毛球的规则以及北航的羽毛球社团。

第二讲："冯如杯"经验分享(陈勇杰，2021-03-22)

宇航学院的陈勇杰学长向嘉士们分享了"冯如杯"经验。

第三讲：学长经验分享——修身养性，成学成才(蒋诗意，2021-03-26)

优秀学长蒋诗意向大家分享了他对北航四年本科学习生活的总结和反思。

第四讲：清风明月，踏春忆往(207504大班，2021-03-31)

士嘉四大班的同学们外出踏青，荡秋千，放风筝，扫墓缅怀先烈，参观红色遗址，共度清明时分。

第五讲：党史学习教育暨清明春游(207501大班，2021-03-31)

士嘉一大班利用清明假期三天时间举办以"追寻红色足迹，感受春天气息"为主题的春游活动。

第六讲：$\int$(我爱学习＋助消化课堂)d学＝助消化杯！（士嘉学支，2021-04-06）

士嘉学支主办了团体趣味知识竞赛"助消化杯"，航类书院共同参加。

第八讲：八达岭林场义务植树活动(士嘉书院，2021-04-23)

全国人民义务植树活动开展40周年之际，北航学子担负起植树造林、绿化祖国的责任，前往八达岭林场进行植树活动。

第九讲：一起再来C(蒋季初，2021-05-01)

蒋季初学长带领嘉士们编写"贪吃蛇"游戏，手把手指导同学们将自己的游戏程序写出来。

第十讲：志愿活动与实践经验分享(姜岚曦，2021-05-24)

姜岚曦学长为嘉士们分享了个人志愿活动社会实践经验，推广士嘉书院"助消化课堂"，招募士嘉书院"育暖航行"暑期实践队，并对大家的提问进行了答疑。

第十一讲：士嘉书院第一届科创中心嘉年华(士嘉科创中心，2021-06-06)

同学们以单人或组队的形式，现场进行了情景模拟任务中飞机模型的选择、拼装、试飞及正式比赛的过程，并将飞机模型留念。

第十二讲：辩论特训(王子丹，2021-06-06)

王子丹学长为嘉士们详细讲述了辩论的基本概念、基本技巧，各学院同学一起进行了火热的现场实战演练。

第十三讲：一大班心理健康讲座(伊马艾山·卡迪尔，2021-06-02)

伊马艾山·卡迪尔老师针对大一新生可能存在的问题，以时间管理与学业压力、日常人际交往以及未来人生规划为主题为嘉士们进行了心理疏导讲座。

第十四讲：乘风破浪，学海领航——青年榜样漫谈专业选择(楼雨杍、邓毅、李文博，2021-06-06)

三位学长进行了专业选择的讲解与分析，辅助嘉士们找到自己的专业方向，做出自己的决定。

第十五讲：志愿活动经验交流(叶雨欣，2021-06-10)

叶雨欣学姐为嘉士们分享了社会实践及志愿活动的经验与技巧。

温暖嘉人

　　土藏柔情，灿灿微笑暖阳里；嘉满温暖，熠熠柔光洒四方。在这一章，你将看到修身立德、丹心育人的士嘉先生，传道授业、孜孜不倦的士嘉导师，以及始终如一、久久相伴的"大嘉长"。士嘉，是一家；士嘉文化，象征着永恒的温暖、永远的嘉人。

温暖嘉人之
士逢其师，嘉人相遇

　　寒来暑往，春华秋实，士嘉书院的大"嘉"长们和书院共同成长；新春佳节，春联送福，嘉长们的祝福如期而至；乐声悠扬，玉兰拾贝，陈贝老师带领我们走进音乐，了解西南联大；当然，还有与我们一起乘风破浪的辅导员，健康打卡，出入申请，确认过眼神，我们是一家人。和他们一起度过的日子，都会成为你不可磨灭的回忆，我们是一"嘉"！

士嘉书院院长——姚仰平

院长姚仰平

姚仰平,博士,教授,博导。

国家"973计划"首席科学家,国务院政府特贴获得者,现任北京航空航天大学图书馆馆长,士嘉书院院长,昌平区政协副主席。获教育部自然科学奖一等奖、北京市高等教育教学成果奖二等奖。主讲本科生课程《土力学》被评为北京市精品课程,主讲研究生课程《高等土力学》被评为北京航空航天大学研究生精品课程。兼任中国土木工程学会土力学与岩土工程学会"本构关系及强度理论专业委员会"主任。第18届黄文熙讲座主讲人。*Computers and Geotechnics*、*Transportation Geotechnics*、《岩土工程学报》《岩土力学》《岩石力学与工程学报》《北京航空航天大学学报》《工业建筑》等学术期刊编委。发表学术论文200余篇。2011年关于超固结土本构模型的论文入选"中国百篇最具影响国内学术论文"。

编写《土的本构关系》《土力学》《高等土力学》等专著及教材9本。

2017 年姚仰平院长开学典礼致辞

亲爱的同学们：

大家好！我是士嘉书院院长姚仰平，首先祝贺大家考入北航，来到士嘉书院这个大家庭。我因为在瑞典参访，不能和大家一起出席今天的开学典礼，非常遗憾，在这里表示深深的歉意。我想通过镜头表达对大家的祝贺和欢迎，也想借这个机会送给同学们三句期望。

第一句话，大学是里程碑，但不是终点站，我们要从零开始。过去的两个月你们以优异的成绩成为高考大军中的佼佼者，你们是同学们眼中的"学霸"，是老师心目中的尖子生，是家庭的核心所在。现在，你们来到大学，来到北航，在这个新的环境中，只有放下过去的光环，找准自己的定位，重新出发，才能在新的大学环境中，在新的人才培养模式下，不断完善自己的素养品格，提升自己的能力水平，努力塑造一个独特的、有个性化的、不断完善超越的自己。

第二句话，勿忘初心，继续前行。我们的初心是什么，我们来大学的目的是什么，我们又有什么理想，我想每个同学都有自己的答案。希望大家在大学里自始至终都不要忘记我们最初的理想，不要忘记家人、长辈的深情嘱托和殷切期望，不要忘记肩负的社会责任和国家使命。大学是我们人生的新起点、新篇章，承载着人生中最美好、最宝贵的一段时光，希望大家好好珍惜，始终牢记我们的理想和使命。在大学的学习生活中，利用好北航这所大学的一流资源，刻苦学习，拓宽视野，成为一个有教养、有知识、有健全人格，追求卓越，具有领军领导才能的自己。

最后一句话，士嘉书院因你们而建立，因你们而存在，也必将因你们而更加精彩。士嘉书院是以我国著名流体力学家、教育家，中国空气动力学专业

的主要奠基者，北航建校元老陆士嘉先生的名字命名的。我们的院训是"求是至善，宁静致远"。求是至善，是我们探究真理，臻于完美的科学态度和理想信念；宁静致远，是我们专心致志、有所作为的高远境界和宏伟目标。在座的每一位同学作为士嘉书院的第一批学子，既是书院的建设者，也是见证人。希望我们能够一起建设士嘉书院，一起弘扬士嘉精神，一起见证士嘉书院的成长。我坚信，你们自信和奋斗的足迹，必将在北航和士嘉书院的历史上留下灿烂的一笔。

同学们，美好的大学生活即将开启，在这里你将遇见教书育人的良师，遇见志趣相投的挚友，遇见各种各样的挑战，遇见自己最美好的青春，这所有的相遇都将让我们为年轻喝彩，为我们的大学喝彩。在这里，祝福同学们开启人生新篇章，祝愿同学们在北航成长成才，努力成为理想高远、学识一流、胸怀寰宇、致真唯实的国家栋梁。

谢谢大家！

2018年姚仰平院长开学典礼致辞

亲爱的同学们、老师们:

大家下午好!

金秋迎来阵阵凉爽,也给我们士嘉书院送来了505名新生力量,我谨代表士嘉书院全体师生欢迎你们的到来!

刚军训完的你们比报到时黑了不少,说明大家已成功地完成了开学第一课,为自己的大学生活创造了一个好的开端。从入学起,你们就是士嘉书院的新主人,士嘉书院的精神要靠你们传承和弘扬,士嘉书院的未来要靠你们书写和创造。我相信,通过努力,你们注定会走在时代的前列、走向世界舞台的中央。

在大学的开学季,各个大学的校长或院长们的讲话角度不同,但殊途同归,都会从"治学""修身""格物""致知"等方面来讲。今天我们在此隆重召开士嘉书院的开学典礼,作为院长的我也得讲话,我的讲话自然也跳不出这个范围,但是我可能按照我的理解向大家提四点要求和期望,希望同学们能够成为同龄人的榜样。

一、成为同龄人的榜样,要"立德"

道德修养不仅代表一个人的品质,更是一种力量,大家要记住:"你的品德决定了你的思想,你的思想决定了你的格局,你的格局决定了你的人生成败。"因此我希望大家从进入北航的那一刻起,要立大志、树大格局、成大器。立大志就要树立远大理想,继承和发扬北航"四爱精神",努力将个人志向与国家的战略需要紧密结合,肩负起北航青年应有的责任。我们要向北航杰出

校友、感动中国年度人物、航空工业英模罗阳学习,恪尽职守、矢志不渝、忠贞报国,他将自己三十多年的全部精力都奉献给祖国的航空事业,直至生命最后一刻,用身躯践行了航空报国的伟大志向。树大格局就是要放眼未来、胸怀天下、具有家国情怀。要在人生的旅程中做好每个阶段的规划,把目光和主要精力聚焦到人生理想的奋斗中,而不要计较一时得失。成大器就是要敢于承担大任,勇于面对挫折和失败,吃得了苦,耐得了烦,只有这样才具备成大器的资本,才能为社会作出更大的贡献。

二、成为同龄人的榜样,要"明智"

大学四年转瞬即逝,在这里我要特别提醒每一位同学都要珍惜时光,把主要精力投入学习中,学习是基础、是根本,只有基础打牢固了,才有发展和继续深造的机会,你的人生道路才能走得更远。关于学习,让我记忆深刻的是航空学院2015届毕业生王晓东。大学四年他的"数分""材力""物理"等八门课都取得了100分的优异成绩,另外还有四门课程99分,这是他刻苦努力的结果。但是作为一个北航人,特别是我们士嘉书院的成员,只有学习好还远远不够,还要具备创新的素质和能力,当今社会竞争激烈,唯有创新才能立于不败之地。说到创新,美国苹果公司创始人乔布斯是一位杰出代表。他曾说过:"你不能只问顾客要什么,然后想法子给他们做什么。等你做出来了,他们已经另有新欢了。"乔布斯要求苹果的每一次改变都是原创的,正是这种超乎常人的创新精神,让苹果改变了世界。因此同学们在大学阶段,要主动培养自己的独立思考、敢于质疑、敢为人先的创新精神。做到勤于学习、善于思考、勇于探索、敏于创新,努力成为可堪大用、勇担重任的创新型人才。

三、成为同龄人的榜样,要"强体"

说到强身健体,我给大家一个例子,张维、陆士嘉先生的学生、清华大学的黄克智院士,虽然已经90岁高龄了,但他每天坚持早起打网球,仍然坚持在科研一线，还能推导复杂的计算公式。去年他以"健康与勤奋使我一生没有虚度"为主题的报告，在网上引起了强烈的反响，他健康向上的生活态度、严谨求实的科研作风被传为佳话。从这个例子可以看出，健康的体魄是一个人实现梦想、成就伟业的前提，在此我强烈建议大家一定要培养一项自己喜爱的体育项目，并将这项运动作为实现人生理想的忠实伴侣。沙河校区拥有丰富的体育锻炼设施，大家要充分利用好这些资源，在锻炼中享受乐趣、增强体质、健全人格，努力把自己锤炼成为一名热爱体育、健康向上的优秀人才。

四、成为同龄人的榜样，要"致雅"

儒雅是一个人综合素质的最高体现，虽然不能立竿见影给大家带来现实的效益，但是其价值和意义在于潜移默化地影响，会改变人的一生。提到儒雅，文艺圈的陈道明算是一个具备儒雅品质的代表，不知道大家是否认可？据说陈道明博览群书，讲话温文尔雅而且非常幽默，在业界具有较高的口碑，他的这种修养和儒雅品质，必定是在长期的积累中形成的。在此，我希望每一位同学，都要在学习生活中注重培养自己的涵养、情操和综合素养，经过大学四年的积累和修炼，使自己成为一个高尚而儒雅的人。

士嘉书院迎嘉士，嘉士来此筑士嘉。刚才我向大家提出"立德、明智、强体、致雅"的四点要求，归根结底就是要德智体美全面发展。

最后，我希望大家能像开学典礼上校领导所期待的那样，努力发现自我，积极丰富自我，勇于超越自我，做自己大学生涯的主人，用新的精彩铸就自己的新高度和士嘉书院的新辉煌！

2019 年姚仰平院长开学典礼致辞

亲爱的老师们、同学们：

大家下午好！

金秋九月喜事多。昨天在这里举行了隆重的北航 2019 开学典礼，今天我们在这里举行温馨的书院开学典礼。今年我们士嘉书院共迎来了 481 名新同学，我由衷地祝贺各位正式成为北航人，并热烈欢迎大家成为士嘉书院新成员！

在座的各位同学，现在的你们，正处于一个伟大的时代，中华人民共和国成立至今，刚好是 70 周年，在此期间，特别是改革开放以来，我国取得了举世瞩目的伟大成就，神舟升空、蛟龙入海、嫦娥探月、航母出海、北斗巡天、南海造岛，等等。我很自豪地告诉大家，这些伟大成就的背后，都能看到我们北航人的身影，你们也应当以做北航人感到骄傲和自豪！

2017 年，北航以培养"具有高度的国家使命感和社会责任感，理想高远、学识一流、胸怀寰宇、致真唯实"的领军领导人才为目标，开启了书院制度，士嘉书院应运而生。

士嘉书院以我国著名的流体力学家、教育家，北航建校元老陆士嘉教授的名字命名。陆士嘉教授的青年时期，正值中国动荡曲折的年代，中国落后而惨遭帝国主义侵略的局面，让航空报国的种子在她的心中萌发。她毅然选择了服务于国家航空领域的流体力学专业，远渡重洋求学。九年光阴，她不仅以惊人的毅力刻苦学习专业知识，而且在当时实验设施对中国学生严格保密的情况下，她用解析解的方法，创造性地解决了飞机喷气发动机的关键技术难题，并且在爱国情怀的驱使下毅然回国，给亟待发展的中国注入了力量与活力，也为培养红色工程师的北航作出了巨大的贡献。

在座的每一位同学，你们如今作为一名士嘉学子，都应当学习陆士嘉先生勤奋、创新、爱国的精神。作为北航士嘉书院院长和图书馆馆长的我，希望你们把这种精神和具体行动相统一，做到"勤读书、精读书、爱读书"。

第一，要勤读书。期望同学们有抱负、为梦想要勤奋。

"书山有路勤为径，学海无涯苦作舟"，意思是说：知识就像一座藏满宝藏的大山，但是需要勤奋才能开辟通向山顶的道路；学习也是茫茫的汪洋大海，只有拼搏努力才能泛舟其上。著名的数学家华罗庚说过："勤能补拙是良训，一分辛劳一分才。"这些都告诉我们要持之以恒地刻苦读书学习，才能有所成就。大家正是因为中学时期勤奋读书、刻苦学习，才能以优异的成绩在千军万马中脱颖而出，成为北航学子。如今，站在新的起跑线上，大家要更加勤奋，才能学有所成。某著名图书馆有一条训言："此刻打盹，你将做梦；此刻学习，你将圆梦。"同学们，为了你们的梦想，请务必要勤奋读书，发奋学习。

第二，要精读书。期望同学们常思考、会质疑、敢创新。

爱因斯坦说过："学习知识要善于思考，思考，再思考，我（爱因斯坦）就是靠这个方法成为科学家的。"同学们不仅要刻苦学习书本知识，将所学知识融会贯通，还要在读书学习的过程中勤于思考、善于思考，取其精华去其糟粕，还要敢于质疑、大胆假设、小心求证，并将自己的想法付诸实践，才能有所创新、有所成就。只有创新，创造出新知识、新技术，国家、民族和人类社会才能持续发展。大家刚学完高中物理，想必两个人的名字大家也不陌生：法拉第——首次发现电磁感应现象；麦克斯韦——创立了电磁学理论，没有这个理论就没有现代文明。

第三，要爱读书。期待同学们培养出高雅兴趣、远大目标和高尚情怀。

希望同学们能培养出读书的自觉和兴趣，热爱读书，自觉学习。同时作为一名北航人，你们还应当牢记北航校训"德才兼备、知行合一"。刻苦学习、勤奋读书、善于思考、有所创造，仅仅是对你们"才"的要求，但是，"德者，才之帅也"，最重要的是你们要在有才的基础上，还要有德。北航成立近70年，一代代北航人刻苦奋斗、勇于创新，形成了"爱国奉献，敢为人先"的北航精

神，我希望你们将北航精神薪火相传，把个人命运与祖国命运紧密地联系起来，在奋斗中成就自我，奉献祖国。

同学们，当前中国正处于近代以来最好的发展时期，今年是中华人民共和国成立70周年；明年，全面建成小康社会的伟大目标将要实现；2021年，中国共产党将迎来100岁生日。你们都会在大学期间见证这些伟大时刻的到来。希望每一位士嘉学子，牢记北航人的使命与担当，勤奋学习、有所创新、德才兼备，不辜负自己的青春、不辜负伟大的时代！

谢谢大家！

2020年姚仰平院长开学典礼致辞

尊敬的张克澄先生、各位老师、亲爱的同学们：

大家上午好！

欢迎大家参加北航士嘉书院2020级本科生开学典礼，一起见证书院404名新生开启大学生活。在此我由衷地祝贺各位同学正式成为一名北航人，并热烈欢迎同学们来到士嘉书院的大家庭，成为一名士嘉学子。

士嘉书院以我国著名的流体力学家、教育家、北航建校元老、中国空气动力学的主要奠基者陆士嘉先生的名字命名。书院成立于2017年，隶属于北航学院，是北航探索大类招生、大类培养的实践基地。书院以"求是至善，宁静致远"为院训，以培养"具有高度的国家使命感和社会责任感，理想高远、学识一流、胸怀寰宇、致真唯实"的领军领导人才为目标，在一年级强化通识教育，实行宽口径、大平台、导师制、社区化的专业设置与培养。

今年突发的新冠肺炎疫情对全国人民来说是一场严峻的考验。在以习近平同志为核心的党中央的坚强领导下，全党全军全国各族人民上下同心、全力以赴，取得了疫情防控的决定性胜利。这体现了中国特色社会主义制度的优势，说明了中国智慧、中国方案的成功。士嘉书院的老师和同学们也经受住了考验，2019级的同学虽然不能到校学习，但在书院的精心组织下，积极开展线上教学、居家自学，最终同学们取得了优异的成绩，圆满地完成了专业选择，展现了士嘉学子"团结一心、学习报国"的抗疫精神，展现了书院执行团队"攻坚克难、勇于创新"的工作风格。这也与士嘉书院一直以来传承红色基因，培育创新基因，培养两领人才的工作传统一脉相承。

同学们！

传承红色基因，首先要涵养空天报国的家国情怀。将个人发展的小我融

入国家社会发展的大我，在服务国家和社会中实现自己的个人价值。"爱祖国、爱航空、爱航天、爱北航"，北航的大爱精神正是北航人空天报国的家国情怀的真实写照。陆士嘉先生"忠心报国和矢志不渝的家国情怀、严谨细致和致真唯实的科学精神、甘为人梯和无私奉献的大爱品格"也正是每一名士嘉学子学习的榜样。

传承红色基因，还要培养正直无私的思想品德。"才者，德之资也；德者，才之帅也。"人无德不立，品德是为人之本。只有不断修身立德，打牢道德根基，在人生道路上才能走得更正、走得更远。北航校训强调德才兼备，士嘉书院更进一步强调德才兼优，希望同学们从自身做起，从小事做起，努力做到自信、自律、自强，培养正直无私的高尚品德。

传承红色基因，更要锤炼坚韧不拔的意志品质。作为一名北航学子，充分利用学校提供的优质资源，努力学习，持之以恒，发奋图强，勇于面对前进道路上的各种挑战，善于克服成长过程中的各种困难，在拼搏与奋斗中磨炼自己坚韧不拔的意志品质，成为能担当大任的优秀青年。

同学们！

培育创新基因，首先要打牢融会贯通的学习基础。这是创新实践的前提。相比于高中的目标式、固定式的被动学习，大学的学习更是一种发散式、研究式的自主学习，同学们要端正学习态度，掌握学习方法，评估学习效果，形成爱学习、会学习、学习好的优良学风，建立起与自己未来发展相适应的知识体系，融会贯通、学以致用，为开展创新实践打下坚实基础。

培育创新基因，还要培养敢为人先的创新精神。在大学的学习生活中，你会慢慢发现，许多问题并没有唯一正确的答案，只有相对更优的方案。因此，同学们在开展创新实践中，要勇于质疑、敢于创新，既要学会站在巨人的肩膀上，也要学会自己另辟蹊径，积极寻求最佳的解决方案。

传承红色基因，培育创新基因，也正是士嘉书院对于北航"两领"人才培养内涵的深刻阐述和重要实践。希望在座的士嘉学子在大学一开始就能将红色基因和创新基因深埋心中,在士嘉书院一年的学习生活中努力学习、刻苦锻炼,让两个基因在心中生根发芽,最终成长为适应新时代国家和社会发展需求的领军领导人才。

同学们,当前中国正处于近代以来最好的发展时期,今年,全面建成小康社会的伟大目标就要实现;2021年,中国共产党将迎来100岁生日;2022年,北航也将迎来建校70周年。你们会在大学期间见证这些伟大时刻的到来。希望每一位士嘉学子,牢记北航人的使命与担当,牢记士嘉人的努力与期望。不负韶华、不辜负伟大的时代!

最后,祝愿你们在北航、在士嘉书院,学习进步、生活愉快!

谢谢大家!

2021年姚仰平院长开学典礼致辞

老师们，同学们：

大家上午好！

今天我们在这里隆重集会，举行北航士嘉书院2021级新生开学仪式，一起见证书院436名新生正式开启大学生活。在此我由衷地祝贺各位同学正式成为一名北航人，并热烈欢迎大家来到士嘉书院大家庭，成为士嘉的"新嘉人"！

今年是中国共产党成立100周年。建党百年特别是建国70年来，我们国家从一穷二白、积贫积弱，快速发展为门类齐全、经济总量位居世界第二的强大国家，经济科技等各个方面与西方发达国家的差距逐渐缩短。特别是在这场突如其来的新冠肺炎疫情中，西方国家经济停滞、社会矛盾激增，而我们国家却取得了疫情防控与国民经济发展的"双胜利"，青年一代的突出表现令人欣慰、令人感动。一代人有一代人的长征，一代人有一代人的担当。要实现"两个一百年"奋斗目标和中华民族伟大复兴并赶超发达国家，青年人要担负起时代所赋予的责任担当。作为士嘉书院的院长，我想把我对大家的要求总结为三个关键词：胸怀、发奋、创新。

第一，胸怀宽广，家国情怀。同学们，你们的人生黄金期贯穿"两个一百年"奋斗目标，是担负民族复兴重任的"强国一代"，这既是人生最大的幸运，也意味着必然要肩负责任和担当。责任和担当，是家国情怀的精髓所在，是北航的历史传统和精神内核。"不谋全局者，不足谋一域。"要识大体、知大局，把个人的发展放到天下大势中去思考、定位、谋划，把自身的前途命运与中华民族的前途命运紧紧结合在一起。这一点，陆士嘉先生始终是我们学习的楷模。在国弱民贫、列强环伺的大环境下，她自费留学德国深造以改变祖国科学技术落后面貌，决心成为中国的居里夫人。时值中国遭受日本帝国主义的侵略，她毅然改学航空的先行与基础学科——流体力学，在1946年克服重重困难从德国回国，发展中国的航空航天事业，成为我国空气动力学专业的主要奠基者之一。情怀入梦、家国在心，在座的你们作为士嘉学子也要把自我人生价值的实现同国家的前途命运紧密联系起来，贡献国家的同时也成就了自我。

第二，发愤图强，打好基础。诺贝尔物理学奖获得者李政道是一个极为勤奋的人。我曾经去过上海交大的李政道馆参观，工作人员的介绍令我印象深刻。李政道每天只睡4个小时，其余时间都用来学习研究。"累则小睡，醒则干"是他的口头禅。他也对子女这样高要求，要想有所成就，必须付出艰辛。北航是全国学风最好的大学，作为北航的学生，学习始终是你们的第一要务。在风云变幻的国际竞争中，同学们看到了我们一些关键核心技术受制于人的困境。我国基础研究虽然取得显著进步，但同国际先进水平相比还有差距。当下中国核心关键领域"卡脖子"问题，根本上是基础理论研究相对滞后。根基不牢，何来平地高楼？希望同学们在大学四年里上好每一堂课、做好每一个实验，认真对待学习，做一名德才兼备、知行合一的北航学子。

第三，创新求变，追求卓越。创新是一种思维，是敢于挑战难题、创造不凡的勇气和智慧。同学们，你们都是以全国前3‰的高分考进来的，但这并不意味着你们所熟知的知识和认知都是对的。在大学里，好学生不再是像过去那样把已有的知识烂熟于心即可，而是要有独立的思考、大胆的质疑和批判性思维，能够自己去发现问题、提出问题和解决问题，作为北航的学生，你们要对自己有更高的要求。从现在起，你们要学会质疑，要善于质疑，要勇于挑战，要"不唯上、不唯书、只唯真"。此外，在学好专业课程的基础上要积极参加各类学术活动和科研竞赛。作为大一的学生，"冯如杯"就是你们很好的练兵场，今年书院在第31届"冯如杯"竞赛中也取得了不俗的成绩，荣获两项特等奖和一项一等奖。我建议大家大学期间积极参与各类科创竞赛，从中提升自己的创新思维和实践能力。

　　希望各位同学都能以"求是至善，宁静致远"的院训为准则，以成为具有"高度的国家使命感和社会责任感，理想高远、学识一流、胸怀寰宇、致真唯实"的领军领导人才为目标，传承北航空天报国的红色基因，培育敢为人先的创新基因，在北航度过精彩、丰富、充实的大学时光。

　　最后，祝愿同学们在士嘉书院学习进步，健康成长，梦想成真！

　　谢谢大家！

士嘉书院的大"嘉"长们

执行院长：王雷华

王雷华，士嘉书院执行院长、物理学院党委副书记。北航继续教育学院兼任教师，主讲《绩效管理》等课程，为远程教育学生辅导《公共政策导论》《公务员制度》等课程。2009年至今，先后以第一、第二作者等身份在《学校党建与思想教育》《黑龙江高教研究》《思想教育理论导刊》《北京教育(德育)》《思想政治研究》《中国教育报》等刊物发表论文10篇。先后参与教育部思政、北京高校党建、北航教育管理等7项重点研究课题。北京高校党校先进工作个人，北京市优秀辅导员。

院长寄语

同学们：

大家好！我是士嘉书院的新任执行院长王雷华。在这个全国疫情防控的特殊时期，学校安排我来接替马锐同志，成为书院"大嘉长"的一员，我感觉到责任重大、使命光荣。同时，我要谢谢你们，能够与大学刚开始的你们，一起并肩战斗、共同生活学习，重新点燃内心青春澎湃的激情。仿佛回到13年前，刚刚大四担任半脱产辅导员带班大一新生的火热岁月，整个人充满了干劲和抑制不住的向往，向往能够早日在美丽的沙河校区看到你们，期待你们的早日到来！

参加工作以来，我先后在人文学院做过半脱产辅导员、在学生处带过辅导员、在组织部管过党建和教育培训、在物理学院做过基层党建和学生工作，也先后借调到中组部、北京市委教育工委帮助工作。同时，还一直坚持给北航继续教育学院的学生讲授专业课和指导毕业论文。多岗位的工作历练，让

我开阔了眼界、培养了自信、提升了素质、交到了朋友。可以说，北航的组织系统培养、学工系统锻炼已经深深融入我的人生履历和思维记忆中。不管走到什么岗位上，我都不会忘记组织对我的培养；不管做什么工作，我都将永远用一个组工干部、学工干部的标准严格要求自己，干干净净做人，踏踏实实做事，不搞花架子，干出好样子，不辜负领导、老师对我的期许和厚望。

今后，到士嘉书院工作，就是一名士嘉新人。在继承和发扬士嘉书院优秀工作传统的基础上，在学校和学院党委的领导下，认真学习贯彻习近平新时代中国特色社会主义思想，坚持目标导向、结果导向、问题导向，深入贯彻落实大类招生、大类培养的政策，积极落实"学生是财富、课程是资源"的以学生为本的理念，以扎扎实实的作风、求真务实的精神状态、积极饱满的工作热情、实实在在的工作措施，尽可能地多干些实事，带好队伍、树好形象、做好工作。

我始终认为，在高校的工作是关系到千万大学生成长和千万家庭幸福的职业，更是关系到国家和民族命运的事业，工作成果极有价值！在个人的思考中以及工作实践中，我始终认为大学生尤其是大一的学生，要在认识自己、认识社会、认识自然、认识未来上去思考、去探索，要始终并不断思考回答："我现在是一个什么样的人？我要成为一个什么样的人？我认为现在自然界是什么样的？我认为将来自然界是什么样的？我认为现在是一个什么样的社会？我认为将来是一个什么样的社会？我现在会做什么？我将来要做什么？"八个问题囊括人、社会、自然以及人与社会的关系，希望大家能够思考。我坚持认为"方向比努力更重要，能力比知识更重要，健康比成绩更重要，生活比文凭更重要，情商比智商更重要"。以上是我的思考体会，供大家参考，不对的地方，也供大家批评指正。

庄子曰："人生天地之间，若白驹过隙，忽然而已。"人生似前行，更似悟道，千里云彩，万里无垠，生命有限，价值无限。固然纵横于天地之间，没有驰骋沃野的雄心，怎能得来绚烂的人生。我将用我的热情、汗水和努力，践行我的职责誓言，做好同学们的"大嘉长"，为大家的成长保驾护航！

前执行院长：马锐

马锐，2002年7月9日加入中国共产党，北航学院党委委员，士嘉书院执行院长，负责书院全面工作。

院长寄语

亲爱的同学们：

首先祝贺你们通过自己的努力考上北航，进入北航士嘉书院，开启人生的新篇章。北航是一所充满传奇色彩的学校，它诞生于百废待兴的中华人民共和国，成长于奋进超越的新时代。六十多年来，它始终与祖国和人民同呼吸、共命运，始终围绕国家重大战略需求，培养了一批批合格建设者和可靠接班人。空天报国、敢为人先是它红色基因的传承，德才兼备、知行合一是它扎根中国大地的品格。同学们，进入这样一所大学学习和深造，这本身就是一种荣誉、一种褒奖，自然，你也被这个时代赋予了更多的期待、更多的责任。

大学，不同于中学，是人生的新阶段，承载了一个人一生中最美好的青春华年。当我们推开大学的门，开始大学生活的时候，请你问自己三个简单的问题：我们为什么出发，我们出发去哪儿，我们怎样出发。当你得到确切答案的时候，我相信，你的眼前将展现不一样的大学画卷，你将拥有属于你自己的大学生活，也会在今后的大学之路上不畏艰难，扎实前行。

士嘉书院是以我国著名流体力学家、教育家，中国空气动力学专业的主要奠基者，北航建校元老陆士嘉先生的名字命名。陆士嘉先生求学的时代，正是中国被外敌侵略奴役的时代，看着敌人的飞机日日轰炸，一度对天文感兴趣的陆士嘉觉得眼前造飞机远比研究星星来得有用，于是在看了大量文献后，决定去德国学航空，并成为近代流体力学的奠基人普朗特教授唯一的女博士。德国战败后，一心想为国效力的陆士嘉，与自己的丈夫一起冲破重重阻碍，远渡重洋回到祖国，投身于我国流体力学专业的建立和发展上。1949年后，陆士嘉先生进入北航，创立了空气动力学专业，建立了国内第一套低高

速风洞设备，为我国的气动力教学和研究奠定了基础。讲台上，她严谨治学、丹心育人；生活中，她修身立德、淡泊名利。她桃李满天下，在海内外拥有崇高声望，备受北航广大师生敬仰和爱戴；她甘为孺子牛，为发展中国力学事业和培养航空工业的科技人才作出了卓越贡献，是北航的大师，更是中国的大师。

当我们回顾陆士嘉先生的一生，不知你是否为自己的三个问题找到了答案。我想，不同的时代孕育不同的时代精神，不同的人生创造不同的人生价值。也许，当今中国的需要就是我们的初心，当今中国的发展就是我们的动力，当今中国的精神就是我们的价值。我们把"求是至善，宁静致远"作为院训，就是希望同学们能在北航士嘉书院的培养下，树立远大理想，塑造崇高品格，提升学识水平，丰富人文涵养，造就成为具有鲜明北航风格的大学生。

同学们，大学的大幕已经拉开，人生的航船又将启航，就让我们拼搏吧，让信仰把青春带向远方！就让我们奋进吧，让青春绽放美丽光芒！

专职辅导员：邵英华

邵英华，男，1989年7月生，中共党员，2008年自山东省烟台市考入可靠性与系统工程学院。2011年9月，担任可靠性与系统工程学院2011级本科生半脱产辅导员，2015年7月，担任可靠性与系统工程学院专职辅导员，2016年10月，担任可靠性与系统工程学院分团委书记。

专职辅导员：冀赵杰

冀赵杰，1989年生，河北省张家口市人，2008年6月加入中国共产党。北京航空航天大学飞行器设计专业博士学位。曾任航空学院2010级本科生半脱产辅导员。

专职辅导员：门雪洁

门雪洁，曾任士嘉书院学生工作办公室主任，宣传工作负责人。北京大

学英语笔译专业硕士,获得CATTI英语二级笔译,具有多年新闻稿写作和编辑经验,累计翻译字数百万字。

专职辅导员:申泽鹏

申泽鹏,现任士嘉书院专职辅导员,分管书院团委及学业支持工作,曾任北航电子信息工程学院2017级本科生辅导员。荣获北京市中华人民共和国成立70周年庆祝活动先进个人、北京市优秀毕业生、北航优秀半脱产干部奖学金特等奖等荣誉。作为一名"老"北航人、"老"辅导员,希望能凭借自己的些许经验,为2021级的"新嘉人"排忧解难,助力启航。

专职辅导员:李子晗

李子晗,现任士嘉书院专职辅导员,分管书院党建、奖助勤贷、"一站式"社区、疫情防控等相关工作。希望能够成为让学生们想得起、找得到、靠得住的辅导员,成为大家成长成才的人生导师和健康生活的知心朋友。

事务助理:潘婷婷

潘婷婷,士嘉书院事务中心主任,出身书画世家,艺术设计专业毕业。具备扎实的绘画功底及多年艺术设计行业经验。曾任中马艺术交流符号系统设计师,钟情自然风光和人文景观,足迹遍及世界各大洲。

事务助理:陈贝

陈贝,士嘉书院事务助理,本硕教育学专业,在校期间担任西南联大博物馆的学生义务讲解员,参与讲解并接待杨振宁来访参观活动140余次。主要负责院办各类事务,空间活动策划及管理,财务工作,全球行活动策划,书院对外交流等活动,还负责书院社区运营、公众号管理等事务性工作。善于规划及管理时间,利用工作之余开设葫芦丝课程,带领同学们感受"学习+音乐"

的劳逸结合。

学业助理：谢贝贝

谢贝贝，士嘉书院学业中心主任，负责协助学业总导师，做好书院导师队伍建设和学业指导工作，主要负责书院学生学业与发展支持工作，负责组织开展士嘉大讲堂、士嘉训练营等相关活动，擅长倾听、排忧、解惑。

时任学业助理：谭晓颂

谭晓颂，士嘉书院学业助理，2009年12月25日加入中国共产党，协助开展书院导师制、班主任以及学业支持相关工作。

时任学业助理：刘晓雪

刘晓雪，主要负责书院学业方面的工作，包括大学生创新创业项目、科创项目的相关工作，士嘉大讲堂、士嘉训练营等相关学术活动的支持工作，以及班主任、导学小组活动的对接交流工作等。

庆祝士嘉"天团"两周年

2019年7月，寒来暑往，春华秋实。我们，两年了。

一季连一季，新识新友新篇。

一年又一年，短别不言再见。

即将告别这里，踏上新的土地。

一如两年之前，沙河驻足的你。

和书院，并成长，同呼吸，共命运。

其实没有别离，不论哪里，嘉士永续。

这一年的故事，这陪伴的人儿，这青葱时光短，这绵柔情谊长。

行至终点或是步始中程，停下来回望，你是我独"嘉"的记忆。

我们齐心只为你坦途，我们聚首是为你高飞。

将我腕系红绳，许你手摘星辰。

树我坚实腰杆，负你坚定而前。

匀我青春笑容，兑你云端起舞。

祝士嘉"天团"两周年快乐！我们依旧是我们。

士嘉第一届辅导员毕业

2018年6月，又是一年毕业季，士嘉书院首届辅导员们也毕业啦！

"即将毕业了，本科四年的记忆，至今还历历在目。成为辅导员这一年，记忆也尤为清晰。那时，我们无比兴奋地等待着新生报到。"

时光匆匆，白驹过隙。现在的他们，穿上了工科学位服，与自己的本科时光挥手告别。

教室里，前排的座位，留给北航的女生。

毕业时，拍照的"C位"，留给书院的女导。

对于每一位小嘉士来说，三位辅导员似父母，嘘寒问暖，体贴关怀我们的生活；似前辈，答疑解惑，分享学习的经验方法；似朋友，谈心谈话，耐心倾听我们的烦恼。

毕业之际，也是离别之时，万分不舍如柳絮缠杂在心中。但人散情不散，这份情谊将化作一叶小舟，长长久久地航行在嘉士与"嘉"长们的生命之河中。

就此，向三位辅导员送上最真挚的祝福：毕业快乐，前程似锦！

士嘉书院 2018 级辅导员报到

2018年，有这样三位年轻人。他们在大三即将结束的时候主动要求到士嘉书院担任本科大一的辅导员，他们就是士嘉书院2018级辅导员。接下来就让我们认识一下他们吧。

我是来自可靠性与系统工程学院的潘俊林，很高兴，也很兴奋能加入士嘉书院这个大家庭。我是一个乐观外向的人，积极面对生活每一天。成为一名士嘉书院的辅导员，对于我来说也是一次挑战，但我已经做好准备迎接这个挑战。有人说三年一代沟，作为一名1996年的"老男孩"，面对以"00后"为主力军的2018级学生，我希望能跨越这代沟，成为你们的知心朋友。期待与你们相约在北航，相约在士嘉，确认过眼神，我们"士一嘉"。

——潘俊林

我是来自机械工程及自动化学院的高磊。能够加入士嘉书院，并担任本科2018级辅导员，对于我来说是一件特别荣幸的事情，我期待且兴奋。在接下来的时间里我将陪伴着学生一起成长、一起进步，和同事们互相支持、互相促进，压力与欣喜同在，职责与欣慰并存。我将以此为新的起点，一如既往地以强烈的进取心和责任感，尽快融入士嘉书院的大家庭中，为士嘉书院的建设添砖加瓦，贡献出自己的一份力量。压力与欣喜同在，职责与欣慰并存。

——高　磊

我是王建鑫，来自仪器科学与光电工程学院，即将迎来自己在士嘉书院

的辅导员生涯，迎接来自全国各地的2018级同学们。我从入学至今，三年时光不长不短、有得有失、亦喜亦忧。即将和同学们打开大学新篇章、开辟新天地，作为辅导员，我深感任重、路远。希望"王导"能带给同学们更多的"喜"和"得"，能帮大家避免不必要的"忧"与"失"。愿我成为大家大学生活中其他人所不能代替的角色，成为你们大学时期"雨天里的一把伞"。

——王建鑫

士嘉 2018 级辅导员毕业

2019年6月，毕业季，遇见你，真是一件美好的事。我们一起走过，和士嘉相伴的这些年。都说青春是与七个自己相遇：一个明媚，一个忧伤，一个华丽，一个冒险，一个倔强，一个柔软，最后那个正在成长。还记得，选择作为一名辅导员的责任与热爱；还记得，9月等待新生时的激动与期盼；还记得，第一次大班会，和大家初见；还记得，那些一起参与过的活动；还记得，那天晚上《夜空中最亮的星》……

"把所有的春天，都揉进了一个清晨
把所有停不下的言语变成秘密，关上了门……"
温暖的你，春风十里
我们都记得，微笑的你，严肃的你
我们在一起，在士嘉，一起走过

——潘俊林

"今天的风又吹向你，下了雨
我说所有的酒，都不如你……"
永远忘不了的是你干净明亮的微笑
我们记得，笑容明媚的你，永远少年的你
我们在一起，在士嘉，一起走过

——高 磊

愿你沉浸在这光芒里，尽情浩瀚几番天地

我知道你才是这世界上

无与伦比的美丽

我们记得，稳重的你，灿烂的你

我们在一起，在士嘉，一起走过

——王建鑫

　　感谢同行，一起成长。他们，一直都在。今年，士嘉书院有三位毕业生陪伴在士嘉同学的身边，他们也是从大一走来，却选择了做辅导员，陪伴新生，他们看着大家从"萌新"成长为学长，自己也将踏上新的征程。衷心祝愿他们万事胜意，毕业快乐！

士嘉书院 2019 级辅导员报到

　　我是郑奕，来自仪器科学与光电工程学院，即将成为一名北航士嘉书院2019级本科生辅导员。很开心自己的人生轨迹能与即将到来的士嘉学子产生交集，能够承担这项工作，被赋予这份使命，我倍感殊荣。大学是人生的重要历程，最希望的是开心而充实，最幸运的是找到归属与追求，最憧憬的是实现价值、学有所成，最难得的是蓦然回首、无所怨悔。我愿尽我所能，为学生们提供及时的帮助与指导，与学生们相互学习、共同进步，不负青春韶华，勇担时代重任，在北航这片沃土上书写大学生活精彩的篇章。

——郑　奕

　　我是郭临稷，来自能源与动力工程学院，即将成为士嘉书院2019级本科生辅导员。大学四年，是个人人生观、价值观成型的重要阶段。很荣幸我能在这难忘的岁月以辅导员的身份与一群朝气蓬勃、青春阳光的学生成为"一嘉人"，做他们无助时依靠的肩膀，以朋友、兄长的视角见证他们的成长与成才。高中拼搏的余温未消，名为大学的考验又接踵而至，我将陪伴学生们，在这青春的峥嵘征程上明确理想与价值、经历迷茫与挫折，磨炼意志与勇气，最终见证雏鹰振翅北航！

——郭临稷

　　我是来自材料科学与工程学院的于万欣，很荣幸能以2019级辅导员的身份加入士嘉书院这个大家庭。辅导员的工作于我而言意义非凡，我将用我全部的热情和精力，引导新生顺利完成从高中生到大学生的身份转变；用我大学三年丰富的学习和工作经验，为学生的成长成才之路保驾护航。我是士

嘉书院的老朋友了，从迎新活动到校园歌手大赛，我一直积极地参与活动筹办和书院建设，也正因此，我选择继续留在士嘉书院发光发热。嘉事难忘，故事还长。我会在接下来的日子里，重新出发，和新老朋友一起为士嘉书院的蓬勃发展添砖加瓦。

——于万欣

士嘉 2019 级辅导员毕业

抉择·引航之始

彼时的他们，可能激动雀跃，同时略显忐忑。

问：是什么促使您走上辅导员道路的呢？

首先很大的原因，是我的辅导员张大伟张导，能在兼顾学业的同时，井井有条地处理好学生工作，此外他还给予了我许多支持与帮助，令我深受感动与启发。同时，成为梦拓的难忘经历也坚定了我的想法。

——郭临稷

我选择当辅导员的初衷是为了遇见一群懵懂可爱的学生，做大家成长路上的见证者和引路人。我本身也是个闲不住的人，很希望能把我的心得传递下去，帮助大家更快更好地找准目标。

——于万欣

可以说是一种责任感和使命感以及周围的优秀辅导员前辈的引领，促使我加入辅导员队伍吧。同时，我也十分期待通过辅导员的工作，与更多的人相识，与大家一同进步。

——郑 奕

遇见·温馨光影

2019 级的嘉士，在那个秋天，如约而至。

2019级的辅导员们，也终于成了"有学生的辅导员"。

问：在大一上学期中，和学生在一起的哪两件事最令你难忘？

可以三件吗，因为都挺难忘的。第一件是第一次大班会，第一次见面，我很努力地在记住大家。第二件是中秋节，我和可爱的大班委们用心筹划了一次活动。在我的心里，一大班就是一家人。第三件是教师节和跨年时收到的两份礼物，拆开的瞬间，我有一种难以言表的开心，看着视频里大家真诚的脸，我感到一切都很值得。

——郭临稷

第一件是中秋晚会，大班委的精心组织给所有同学营造了一个家的氛围。同学们给我写了满满一页的寄语，我非常感动，每当工作压力太大时我都拿出来看看。第二件是元旦给大家分发二大班专属台历，那晚只有我一人在导办，心情比较低落，但跟着大班委一起走过一间间宿舍，我心里就暖洋洋的。你们是我大四一年最精彩的部分。

——于万欣

第一件事是三大班的第一次大班会，和大家初见面，我的感觉是永生难忘，看着大家的面孔，我有一种说不出、道不明的感觉，非常开心、非常激动。第二件事是中秋晚会，用四个字总结就是"欢乐无穷"。当时我还"斗胆"表演了我的"半吊子"吉他，弹得不好，可真是太丢人了！希望大家没嫌弃我，哈哈！

——郑　奕

离别·再启航程

随着春季学期和专业选择的结束，嘉士们和辅导员们也即将挥手告别。

过往的时光令人百般回味,我们的前程必将无限光明。

问:学期结束,辅导员们也结束了本科生活,对此有什么想说的呢?

对未来的自己想说两点:一是认真做好学习科研,作出力所能及的贡献,实现自己的价值;二是也想对所有辅导员好兄弟们说,作息尽量规律点,保护头发!

对一大班的孩子们想说,相信大家也一定已经根据自己的特点做出了适合自己的判断,愿你们前途似锦!

——郭临稷

希望自己能再勤奋一点,不仅要把科研做好,也要把辅导员工作兼顾好;希望自己再柔和一点,更勇敢地袒露自己。

二大班的孩子们,请坚守本心,善于挖掘自己身上的闪光点;请少说多做,"不能只有世界观没有方法论";请做一个有温度的人,尝试着锻炼自己的情商。希望你们一切都好。

——于万欣

希望自己能兼顾学业和工作,做一名积极向上的研究生,当一名认真负责的辅导员,愿我能不忘初心,归来仍是少年。

希望大家能够保持自律,敢于尝试,充实生活,收获充实的大学经历。希望大家能够平安健康,勇敢面对压力,学会控制情绪,保持真诚和善良。聚是一团火,散做满天星。

——郑　奕

大一生活结束了,可嘉士们和辅导员们的情谊永存。相信士嘉的每一个人,都能有最好的未来。

士嘉书院 2020 级辅导员报到

大家好，我是孟文沁，是宇航学院 2017 级本科生，同时也是士嘉书院的第一届毕业生。非常荣幸能回到士嘉，担任 2020 级的辅导员。我会竭尽所能，带领你们度过一段精彩而充实的大学时光，期待与优秀的"嘉士"们相遇、相识、相知……也愿我们能一起成长，乘风破浪，向北航行！

——孟文沁

我是来自能源与动力工程学院的于豪。作为士嘉书院的首届学子，能够以 2020 级辅导员的身份回到书院工作，是我的荣幸和福分。辅导员的工作对于我来说，不仅是一份职业，也是一份事业，是能够让我实现自己人生价值的平台。帮助学生完成从高中到大学乃至到社会的转变，对我来说能够体现辅导员作为指导者和引路人的身份和价值。我希望能够从这份工作中获得乐趣和成就。在接下来的工作中，我将传承精神，传承温暖，成为学生的好伙伴、好导师，帮助学生确立正确的三观，见证学生的健康成长。同时回馈书院，在书院工作中尽心尽力，为书院的建设添砖加瓦，贡献自己的一份力量。

——于 豪

大家好，我是邹志诚，山东威海人，来自航空科学与工程学院。我热爱学生工作，对科创、实践、志愿等各个领域均有涉猎，欢迎大家与我探讨交流！非常荣幸能与各位"嘉士"共度四年大学时光，也深感自己肩上责任重大。希望我的工作能为各位同学成长成才贡献一份力量，帮助各位同学提升自己、充实自己、树立远大理想，也希望我能与各位同学成为知心朋友，一同学习进步！

——邹志诚

　　我叫郭玖嵘，来自机械工程及自动化学院，同时也是士嘉书院2017级的学生。我很荣幸这次以长聘辅导员的身份回到书院。大一是适应大学环境、形成良好学习生活习惯的重要一年，我将尽我所能帮助和陪伴即将到来的嘉士们，助力他们一路航行。

——郭玖嵘

　　山高水阔，士嘉再会。
　　前路漫漫，兢兢引航。

2021 年士嘉书院 1775 毕业活动

光阴辗转过兴华的春夏

秋叶飘落了一年的秋冬

四年前,你们走进了北航

成了"嘉"的一员

时光荏苒,转眼间士嘉书院2017级的学子们迎来了毕业季。为纪念这个特殊的时刻,士嘉书院决定举办"时光信箱""毕业生座谈会""士嘉留言馆"三项活动,续写2017级学子与士嘉的故事。

时光悠悠,书信含情

往日不可谏,来者犹可追;写一封信,给友情、送爱情、赠亲情;留一段文,还过往、记现在、敬明天。

以写信的形式,由2017级学子写下毕业的感想以及对未来的期待等,封存在信封里,投递到我们的信箱设置点。在这一年我们将替大家保存书信,并在一年后重新寄到每个人手中。

2021,我们存下希望;2022,我们一起实现。现在,投下我们的"小期许";明年,让我们打开信封,见证我们的"小浪漫"。不舍每一寸,与你的朝暮。"时光信箱"将传递你我与士嘉的故事……

以梦为马,逐梦士嘉

激扬青春,从这里启航。

不忘初心，做永远的北航人。

为了让2017级学子重温"嘉"的温暖，更好地了解今日士嘉，同时让2020级的同学更好地传承士嘉精神，我们将举行士嘉书院毕业生座谈会活动，交接士嘉的接力棒，共话士嘉故事，展望士嘉未来。

一日士嘉，终身"是家"

在士嘉的每一分每一秒，都值得我们去记录、去回忆。

我们将开放"士嘉留言馆"专栏，定期收录大家在士嘉发生的故事，记录大家在士嘉生活的点滴，分享大家在士嘉收获的感动，建筑我们共同的士嘉回忆。

欢迎士嘉的每一位"家人"在即将开放的留言馆中畅所欲言，分享与士嘉的故事！

除此以外，我们还为2017级书院学子送上了精心设计的小礼物。

毕业是一个结束

也是一个开始

愿以梦为马，不负韶华

莫愁前路无知己

天下谁人不识君

居嘉生活

　　士强文体，文武韬略扬风采；嘉育星河，代代相承传薪火。在这一章，你将看到士嘉书院各个学生组织的故事，看到士嘉学子的"绿色之旅"，看到士嘉书院丰富多彩的文体活动。求知上进，全面发展，士嘉人永远有着笑对生活的独特风采。

居嘉生活之
学士有梦，
共创大"嘉"

　　难卜未来，但问缘起。士嘉学生会在嘉士们踏入士嘉书院的那一刻起，便开始播撒关怀，用"嘉"温暖着莘莘学子。每个人都好奇自己的来历，所以我们也会想了解学生会"呱呱坠地"的时刻，想知道是否有芦花被下、卧雪眠云的曾经，想触及昔日的荣光和还未退散的余热……还有许多时刻我们都没能够来得及参与，但我们可以把琐碎的时光拼凑起来，赠予后生一段记忆，知晓曾经筚路蓝缕，也懂得珍惜当下。

士嘉书院学生组织介绍

2017年,北京航空航天大学士嘉书院学生组织主要是指在中国共产党北京航空航天大学北航学院委员会(以下简称北航学院党委)领导、共青团北京航空航天大学士嘉书院委员会(以下简称士嘉书院团委)指导下的团委直辖部门、学生会和学生社团三大部分。

团委直辖部门

组织部:负责书院团委团务工作、各基层团组织的建设工作,并承担书院评奖评优相关工作。

宣传部:负责组织共青团相关理论政策的学习宣传、书院海报、展板等平面设计,以及宣传技能培训等工作。

实践部:负责书院社会实践、志愿服务以及对外交流合作等相关工作的组织开展。

科技创新中心:负责书院学生创意创新创业工作以及校内外科技竞赛、学科竞赛等相关工作的组织开展。

学生会

学生会主席团:学生会的最高权力执行机构,对士嘉书院团委、学生代表大会负责并受其监督,需定期向士嘉书院团委和学生代表大会做工作报告,由士嘉书院团委任命。

学生会办公室:主要负责协助书院办公室、学生工作办公室开展行政管理工作,以及学生会的制度建设工作、财务管理工作等。

士嘉计划项目部：主要负责书院品牌文化活动的设计与开展。

学生媒体中心：主要负责书院微信公众平台等新媒体宣传平台的建设、学生文化作品的创作与宣传以及书院活动新闻报道宣传。

学习部：主要负责对接书院学业支持中心进行学业支持工作，负责书院学风建设工作。

生活部：负责对接书院社区中心，以及社区建设与管理服务工作。

文艺部：主要负责书院各类文化艺术活动的组织开展，各类书院文艺社团的组织建设。

体育部：主要负责书院各类体育活动的组织开展，各类书院体育队伍和社团的组织建设。

学生会的基层组织：参与书院学生会各部的工作。

学生社团

有兴趣你就建！书院社区文化的窗口，就是你的社团！

士嘉书院学生会成立

2017年10月13日19：00，北航士嘉书院学生会成立大会暨揭牌仪式在沙河校区J3-106举行。

根据《高校学生会组织章程制定办法》《高校学生代表大会工作规则》《北京航空航天大学学生会章程》以及校团委下发的《关于成立北航学院各书院学生分会的指导意见》，成立北京航空航天大学士嘉书院学生会。士嘉书院学生会是在共青团北京航空航天大学士嘉书院委员会指导下的全书院学生的群众组织，协助书院为同学创造良好的学习、生活环境，引导同学参与书院的民主管理、民主建设，忠实代表并积极维护广大书院同学的正当权益，即时了解反映广大同学的愿望和要求，是沟通书院和广大同学的桥梁和纽带。

北航士嘉书院执行院长马锐，北航校团委副书记肖杰，北航士嘉书院专职辅导员邵英华以及各大班辅导员、事务助理、学业助理出席了本次揭牌仪式。士嘉书院专职辅导员冀赵杰主持了本次仪式。

经过近两个月的紧张筹备，士嘉书院学生会建设已步入正轨。在书院学生会全体成员以及学生干部的关注下，肖杰老师和邵英华老师共同为士嘉书院学生会揭牌，士嘉书院学生会正式启航。

仪式聘任辅导员刘志威为学生会指导教师，由邵英华老师颁发了聘书。刘志威老师宣读了筹建期主席团部长团名单。士嘉书院学生会筹建期为期一学年，明年5月，书院将召开学生代表大会，选举产生第一届士嘉书院学生会主席团。

马锐院长为成立大会致辞，对全体学生干部提出了希望，并祝愿士嘉书院团委学生会的同学们团结进取，追求卓越，为士嘉书院学生组织的成长壮大再立新功。筹建期学生会主席倪孙绪发表倡议，希望大家都能不辜负大学时光，不负青春年华，为书院学生会和书院付出自己的努力。

执行院长马锐致辞

今天，士嘉书院学生会正式成立，一批朝气蓬勃的士嘉学子将用他们的激情与活力为学生会书写崭新的篇章。让我们期待学生会、期待士嘉书院的美好明天！

士嘉书院学业与发展支持中心成立

2017年11月15日晚，北京航空航天大学士嘉书院学业与发展支持中心揭牌仪式暨新生学业与发展支持工作研讨会在沙河校区S4-106会议室举行。北航学院常务副院长曹庆华、士嘉书院执行院长马锐出席会议。参加会议的还有北航学院教务部秘书、士嘉书院辅导员、学业助理、学生会学习部干部、各班学习委员、士嘉"助消化课堂"讲师等具体负责学业与发展支持工作的老师和学生。

北京航空航天大学士嘉书院学业与发展支持中心(以下简称士嘉学支)是在2017年北航实施大类招生、大类培养的大背景下成立的，目前建设有"士嘉大讲堂""士嘉训练营""助消化课堂"等项目。力争充分发挥资源协同与学生自主，形成立体化、网络化、闭环型的大学生学业与发展支持工作体系，为北航领军领导人才培养和书院制通识教育模式下的学业与发展支持工作贡献智慧与方案。

仪式在马院长的致辞中拉开序幕。随后，士嘉学支主任邵英华报告了书院学业与发展支持工作体系及士嘉学支的建设情况。紧接着，曹院长和马院长为士嘉学支揭牌，宣告正式成立，并为选拔出的"助消化课堂"首批讲师颁发聘书。

曹院长对士嘉学支的成立和建设表示充分的肯定和赞赏，然后对在座的学生干部和首批"助消化课堂"讲师提出深刻的勉励和殷切的期望，并且从现阶段新生们普遍遇到的学习问题出发，提出大学生如何转换学习方式和方法。最后，他勉励同学们努力成长为"理想高远、学识一流、胸怀寰宇、致真唯实"的领军领导人才。

仪式结束后，新生学业与发展支持工作研讨会在同学们热烈的发言中继续进行。来自各个班级的学习委员就相关问题进行了研讨汇报，包括课堂学习情况、课后学习情况等八个主题，充分展现了书院同学积极向上的学习风貌，同时也进一步推动了士嘉学支的建设。

士嘉书院第一次学生代表大会召开

2018年6月18日，北京航空航天大学北航学院士嘉书院第一次学生代表大会(以下简称士嘉第一次学代会)在国家实验室多功能厅召开。大会完成了各项任务，回顾、总结了一学年的工作，为书院学生组织日后发展铺平了道路。

在士嘉第一次学代会中，共有99位学生代表出席，到场的嘉宾有：校团委副书记孟宪博，校学生会副主席田博皓，士嘉书院执行院长马锐，士嘉书院专职辅导员邵英华、冀赵杰，半脱产辅导员李姝昱、冯天轩。会议由秘书长刘志威主持。

全体起立，奏唱国歌后，校团委副书记孟宪博致辞。他对士嘉书院筹建期学生会的工作予以肯定，同时表示了对学生会未来发展的殷切期望。接下来，校学生会副主席田博皓发言。他提出学生组织应当始终把为同学服务作为自己的第一准则，同时也应当深入贯彻落实《学联学生会组织改革方案》。

与会代表们听取了《北京航空航天大学北航学院士嘉书院筹建期学生会工作报告》和《北京航空航天大学北航学院士嘉书院第一次学生代表大会资格审查报告》，全票通过了《北京航空航天大学北航学院士嘉书院学生会章程(草案)》等一系列文件。

随后，大会通过了《北京航空航天大学北航学院士嘉书院第一次学生代表大会学生委员会委员候选人名单》。17位学生委员演讲结束后，所有代表采用不记名投票方式，产生了士嘉书院第一届学生委员会，他们是于豪、王子腾、王祉衡、王雪阳、牛洁珏、邓毅、李沛然、孟文沁、梁至、虞欣子。学生委员会负责学代会休会期间各项决议的执行，同时负责书院各项学生事务的决策，审议学生会主席团工作报告，并监督学生会各部门工作。

学生委员王子腾代表第一届学生委员会，向士嘉书院同学发出了倡议。

士嘉书院团委书记邵英华致以祝贺与期望。

完成了各项任务后，大会在校歌《仰望星空》中闭幕。

士嘉书院第一次学代会的召开，是书院发展又一里程碑式的成就。它标志着士嘉体系的进一步完善，标志着士嘉书院学生自治工作向前迈进了一大步。学委会将贯彻落实各项决议，履行职责，促进书院发展，带领同学们用实际行动弘扬士嘉精神，建设士嘉书院，助力北航"双一流"建设。

士嘉第一届学生委员会第一次全体会议

士嘉书院第一届学生委员会第一次全体会议于2018年6月18日20：30在辅导员办公室大会议室举行。本次会议由学生代表大会秘书长刘志威主持，10位学生代表全体出席。

会议第一项，进行士嘉书院第一届学生会主席选举。由候选人王子腾发言，他阐述了自己对于书院学生会现存问题和未来任务的看法。经不记名投票后，王子腾全票当选士嘉书院第一届学生会主席。

会议第二项，进行士嘉书院第一届学生会副主席选举。会议通过候选人名单后，5位候选人按照抽签顺序依次发言，从各个角度表达了他们对书院学生会工作的看法。经不记名投票后，产生了4名学生会副主席，他们是王雪阳、李沛然、孟文沁、梁至（排名按照笔画顺序）。

会议第三项，进行士嘉书院第一届学生委员会执行委员选举。会议提名王子腾担任士嘉书院第一届学生委员会执行委员，经不记名投票后，王子腾全票当选。

随后，学生委员会全体成员和秘书长刘志威进行了交流，在书院学生组织的现状、存在的问题和未来发展的方向上交换了意见，基本上明确了书院学生组织发展的大方向，达成了广泛的共识。

本次会议的召开，是书院学生组织由筹备阶段进入发展阶段的良好开端，我们相信士嘉书院能够延续精彩，开创新的历史篇章。

北航AME阿米学业研究辅导员工作室成立

2018年7月11日上午，北京航空航天大学学生处处长董卓宁来到士嘉书院普朗特导学活动空间，调研座谈士嘉书院学业与发展支持工作，并与士嘉书院执行院长马锐一起为北航AME阿米学业研究辅导员工作室揭牌。士嘉书院学业与发展支持中心的老师和学生代表参会交流。

会议开始，士嘉书院学业助理谭晓颂和辅导员李姝昱带领与会领导老师一起参观了士嘉书院普朗特导学活动空间，空间现挂牌有士嘉书院学业与发展支持中心和AME阿米学业实验室，现建设有学风墙、导师墙、导师推荐图书角、学业成果展示柜、对外交流展示柜等，是士嘉书院导学活动和学业与发展支持活动开展的重要阵地。

随后，北航AME阿米学业研究工作室负责人、士嘉书院学业与发展支持中心主任邵英华，向与会领导老师和学生代表汇报了士嘉书院2017—2018年学业与发展支持工作及北航AME阿米学业研究辅导员工作室建设的进展情况。邵英华老师从学业与发展支持工作新思考、士嘉书院学业与发展支持工作体系、士嘉书院学业与发展支持中心建设、学业与发展支持工作新未来四个方面汇报了对学业与发展支持工作的思考、现阶段建设成果以及对未来的展望。他谈到了学业与发展支持工作在思想政治工作、北航学院书院制改革建设、学生成长发展和未来社会发展中的地位和作用，并介绍了士嘉书院学业与发展工作体系、一年来士嘉书院学业与发展支持中心重点建设的十项品牌活动和北航AME阿米学业研究辅导员工作室的建设进展。并从工作体系、工作提升和工作落地三方面，对未来的学业与发展支持工作进行了展望。提出优化校院两级学业与发展支持工作体系、着力解决学业与发展工作难点问题、试点建设信息化时代下的网络学习社区等构想。

董卓宁老师对一年来士嘉书院学业与发展支持工作和北航AME阿米学业研究辅导员工作室的建设进展表示肯定,他亲切地与在座师生代表就"助消化课堂"和"士嘉研究院"品牌活动、网络学习社区建设等进行了座谈交流。他表示,学业与发展支持工作的开展要兼顾深度和广度,重点关注工作的覆盖面,着力把握工作的有效性,进一步改进和提升学业与发展支持工作。同时,他也鼓励在座的老师和同学们从校院两级协同的学业与发展支持工作体系出发,进一步加强对校内外学业与发展支持工作资源的统筹与拓展,一起推动北航学业与发展支持工作不断向前发展。最后,董卓宁老师与马锐老师一起为北航AME阿米学业研究辅导员工作室揭牌,并合影留念。

北京航空航天大学AME阿米学业研究辅导员工作室由来自北航学业与发展支持中心、士嘉书院和可靠性与系统工程学院等单位的专家教授、一线工作辅导员和学生团队共同参与建设。主要是在北航大类招生大类培养通识教育的大背景下,结合北航书院制通识教育的改革实践,对标"爱学习、会学习、学习好"的良好学风,聚焦学习态度(Attitude)、学习方法(Method)、学习效果(Effect)三方面重点内容,分析和把握新时代大学生学业发展规律,形成一系列学业研究报告,搭建学业与发展工作研究交流平台,试点推广信息化技术在学业与发展支持工作中的应用。工作室的建设目标是成为学校教育研究和学业研究的重要智库。工作室自2017年11月筹备成立以来,共制定和落实学业与发展支持品牌活动方案18份;申请校级课题研究2项(完成1项,立项评审1项);发表学术论文1篇,待投稿论文4篇;组建有近20人的学生研究团队,立项北航学院科创项目5项;完成学业分析报告6份。

第一届士嘉分团委学生会第一次全体会议

2018年10月18日，正值党的十九大召开一周年之际，士嘉书院领导、学生辅导员、士嘉书院学生委员会成员以及士嘉书院第一届团委学生会（以下简称"士嘉团委学生会"）成员齐聚一堂，共同迎来北京航空航天大学北航学院士嘉书院第一届团委学生会第一次全体会议。大会由士嘉团委学生会副主席孟文沁主持。

士嘉书院执行院长马锐首先致辞，对士嘉团委学生会提出了宝贵意见和真挚祝福。马院长以"真情实感话我会"为题，以过来人的身份谈到："传承是学生会的灵魂，融合是学生会的品格，拼搏是学生会的精神，创新是学生会的力量。不忘初心、拥有传承才能拥有担当；多元并包、思想碰撞才能张扬活力；敢于拼搏、充满热情才能不断前进；善于学习、勇于创新才能充满动力。学生会的主体是我们学生群体，学生会的精神也理应由我们学生群体共同彰显。"

接着，大会进行了士嘉团委学生会指导老师高磊的聘任工作，并由高老师宣读士嘉团委学生会成员名单。同时也由高老师聘任士嘉团委学生会主席团、荣誉主席以及学生会部长团。

随后，士嘉团委学生会主席王子腾作为代表发言。他提到，士嘉团委学生会作为士嘉书院学生群体的代表，是书院建设不可或缺的一部分，并借诗句"雄关漫道真如铁，而今迈步从头越"向全体成员提出了要求和期许。

在士嘉团委学生会全体成员的宣誓声中，北京航空航天大学北航学院士嘉书院第一届团委学生会第一次全体会议结束。

士嘉书院团委第一次团支书会议召开

为促进基层团支部的建设，进一步明确团支书的任务与职责，切实落实"三会两制一课"，士嘉书院团委于2019年11月27日在导办大会议室召开士嘉书院团委第一次团支书会议。

大会由士嘉书院团委学生会组织部部长齐道涵主持，组织部干事陈家林做会议记录。齐道涵进行简短的会议介绍后，大会正式开始。

大会第一部分由往届"标兵团支部"团支书杨秀峰同学进行经验分享。杨秀峰同学从团建、学风建设、文体活动、人生规划四方面出发，讲述了曾经开展的团日活动，展示了丰富的活动成果。在讲述团组织建设思路时，他提到："建设团支部要根据团员需要进行设计，要注重团员收获。"杨秀峰同学从自身出发，为团支书们树立了良好的榜样，更为团支部工作的顺利开展提供了宝贵的经验。

大会第二部分由齐道涵讲解《团支部工作条例》。齐道涵首先宣读了《团支部工作条例》总则，并就第三章"基本任务"、第四章"工作机制"、第六章"支部委员会建设"进行具体讲解。讲解过后，齐道涵对"三会两制一课"总结，进一步明确团支部的工作制度，并对团支书的工作提出许多意见，为团支书今后的工作提供了许多思路。

大会第三部分由组织部副部长李垠翰介绍团支部工作手册填写事宜。李垠翰详细地介绍了手册填写的细节及注意事项，切合实际地为团支书们提供填写经验。

会议的最后由齐道涵总结，并解答了团支书们提出的问题。通过此次会议，团支书们进一步明确了团支部的工作制度，并向优秀学长们学习了工作经验。

　　相信在之后的工作中团支书们能够切实落实"三会两制一课"，建设出一批思想先进、学风优良、严肃活泼的优秀团支部。

士嘉书院推出小程序

2019年，你还在为错过党团活动而无措吗？你还在为不能及时获取士嘉训练营、士嘉大讲堂的信息而苦恼吗？你还在为没跟上老师的思路而迷茫吗？你还在为自己的建议无法传达而郁闷吗？为了解决这些问题，书院从今日起推出了"BUAA士嘉书院"小程序。

"BUAA士嘉书院"小程序是一个针对书院学生的网络学习社区，为书院学生提供了一个网上学习互动交流的平台、资源发布与资源匹配的平台、学生学习成长数据积累与记录的平台，是书院学业与发展支持中心的网络阵地。

小程序支持书院各类学业支持活动的开展。主要是：学习资源发布(优质资源、MOOC和直播)、师生互动交流(个人自主模块、主题讨论模块，自由发布主题和活动，网络直播间)、数据跟踪反馈(选课、问卷、输出模块化的学生个人基本情况、第二课堂成绩单)，等等。

士嘉书院社区教育中心成立

为加强士嘉书院社区建设，紧密团结士嘉书院全体学子，建设更加美好的士嘉书院，2021年6月，士嘉书院社区教育中心（以下简称"社区中心"）成立。社区中心，是士嘉书院团委领导下的负责学生社区建设、管理、教育、服务的组织，其主要工作在于基于"一站式"的学生社区开展德智体美劳各项活动，同时进行生活关怀及综合素质教育。

其下设六个部门，分别是执行团队、培训部、美育部、劳育部、心理部、常务部。对应职责如下。

执行团队：统筹协调社区中心内部各项事务、进行中心内部重大决策、统筹中心建设方向、监督各部门运行等。

培训部：负责宿舍长培训、安全培训、心理健康培训、社区中心组织内部成员培训等各项培训工作，集中体现社区中心的"教育"职能。

美育部：负责美育类社区活动策划、组织和宣传工作，服务于书院美学教育，提升书院同学美学品位。

劳育部：负责劳育类社区活动策划、组织和宣传工作，服务于书院劳动教育，树立热爱劳动、服务社会的劳动观点。

心理部：负责组织心理健康沙龙、心理健康宣传教育，是社区中心社区关怀的集中体现，旨在通过上述活动为书院同学营造温暖、和谐的社区氛围。

常务部：负责统筹安排宿舍及社区安全检查工作、部门财务报销、社区中心工作笔记、宣传对接等常务工作，同时可以作为刚刚接触学生工作、能力尚待提升的成员参与士嘉社区教育中心的初级平台。

社区中心将在书院的领导下，遵循"求是至善，宁静致远"的院训，始终贯彻执行书院领导指示精神，更好地参与到书院建设当中。

士嘉书院学生宣传媒体中心成立

2021年7月，为更好统领书院宣传工作，提升宣传质量，打造书院品牌，士嘉书院学生宣传媒体中心（以下简称"宣媒中心"）成立。宣媒中心是负责书院新闻宣传工作的学生组织，由士嘉书院学生会原学生媒体中心和士嘉书院团委原宣传部整合形成，负责运营"北航士嘉书院"微信公众号平台，进行新闻稿件、活动宣传、重要通知、原创作品的推送制作与发布，兼具宣传设计职能，为士嘉书院重大活动设计、制作海报及艺术品等宣传作品，展现嘉士风采。

其下设五个部门，分别是执行团队、新闻部、活动部、平面部、摄影部。对应职责如下。

执行团队：统筹协调宣媒中心内各项事务，负责与其他部门对接，直接管理运营公众号后台，进行中心内部重大决策（如推送品牌管理与革新等）。

新闻部：统筹新闻工作，包括各种新闻稿件的撰写、新闻现场记录、新闻推送模板设计和新闻推送制作等；协调重大活动的采访、摄影工作，必要时组织部员进行调研。

活动部：统筹原创推送与宣传活动工作，主要包括原创推送构思设计与制作、有奖活动方案设计与奖品采购报销等；协调接收工作，即接收来自宣媒中心以外学生组织的推送素材与成品并按工作流程发布、转载。

平面部：统筹各项宣传工作，主要包括平面宣传品设计、手绘作品制作、推送模板设计、推送后期美化、周边文艺作品设计和重大活动宣传展板、宣传流行海报制作等；协调管理宣媒中心内部的设计素材与创意产品。

摄影部：统筹各项摄影工作，主要包括书院重大活动（如运动会、校庆和嘉士汇等工作摄影，书院常规活动、书院学生原创影片、书院主题系列照片等）；协调采访活动的摄影记录和士嘉书院影像、影片材料管理等。

　　宣媒中心将坚持全心全意为同学服务的宗旨，在进行新闻通讯、宣传设计中不断培养、提升干部的宣传能力，打造书院品牌的优秀形象。

居嘉生活之
军士无双

　　"士"逢其时，"嘉"期终至，首届小士嘉们开启了自己的军训之旅，组成了坚毅团结的士嘉三营。军训开营仪式上，士嘉三营整装待发、满怀热血；从开营第一天的严格要求、朝气澎湃，到拔河比赛不惧挑战、团结一心，再到闭营时的蓄势待发、再创佳绩，士嘉三营始终保持着高昂的士气、坚定的意志，并取得了辉煌的成绩。

2017 级军训开营仪式

2017 年 9 月 11 日，北京航空航天大学军训开营仪式举行。

从今天开始，一直到 9 月 24 日。在这金秋时节，首届士嘉书院学子们组成的士嘉三营，将怀揣着饱满的热情与坚定的意志，进行为期 14 天的军事训练。这不仅是对 2017 级新生身体素质的考验，也是对他们心理素质的淬炼。

军训是学生进入大学的第一课，相信大家在历经阳光与汗水的磨砺后，能变得更加坚毅、刚强，向着梦想更加执着地前进。

士嘉三营的小嘉士们，愿你们一往无前，翱翔九天之上，尽显飒爽英姿！

士嘉三营军训圆满落幕

2017年9月11日至9月24日，为期14天的军训落下帷幕。两周的时间里，同学们得到了锻炼，成长了，成熟了，坚强了。军训是大学的第一课，走过军训，意味着同学们正式开启了大学生活。

日常训练，虽艰辛但快乐。军姿、敬礼、齐步、正步，看似简单的动作实际上并不容易。日常训练中，教官们严格要求，同学们咬牙坚持。军训不易，但同学们斗志昂扬。

清晨拉练，虽劳累但意味深长。凌晨5点，打好背包。秋风瑟瑟，抵不过同学们坚强的意志。急行军、染毒区、地雷区、障碍区……跨过重重阻隔，最终走向冉冉升起的朝阳。

拔河比赛，奋力一搏，全营齐力，共创辉煌。拔河靠的不仅仅是力气，更是团结一心和昂扬的斗志，坚持下来便会取得胜利。最终，在全团拔河比赛中，士嘉三营男队获得第四名，女队获得第二名的好成绩。

陆士嘉故事会，感动也奋进。陆士嘉，北航奠基人之一。军训期间，士嘉三营举行陆士嘉故事会，通过同学们的朗诵讲述陆士嘉先生的一生。在感人至深的同时，同学们也学到了精神，充满了力量，空天报国，胸怀寰宇。

营内会操，展示成果。为检验军训的成果，士嘉三营举行营内会操。一方面，营内会操展现了各连的精神风貌；另一方面，为下阶段的训练提供了指导。营内会操，提升了同学们的士气，使得同学们充满了战斗力。

合唱比赛，再创佳绩。合唱，唱出的是同学们的斗志，唱出的是同学们的团结一心。合唱比赛上，空天志士队《弹起我心爱的土琵琶》用独唱、二胡、动作表演和雄浑的歌声征服了观众，法有嘉人队《共青团员之歌》用表演、新颖的形式和高昂的歌声震撼了听者。在"强敌众多"的情况下，空天志士队取得第四名，法有嘉人队取得第二名，满载荣誉而归。

宣传得力，榜上有名。士嘉三营的宣传兵同样不服输，摄影、后期、视频、文案、板报样样精通的他们同样为三营争得了不少荣誉。最美瞬间榜上有名，中国有嘻哈，士嘉有画家，他们在没有硝烟的战场上同样奋斗着。

闭营仪式，接受检阅。9月24日上午，军训闭营。14天的艰辛奋斗化作闭营仪式上的那一瞬间。正步、盾牌操、军体拳、匕首操，都是同学们14天来奋斗的成果。14天，士嘉三营一连、四连获优秀连队荣誉，士嘉三营男生第一方队、女生方队获优秀方队荣誉。14天，士嘉三营的战士们成功蜕变。

士嘉三营，用14天的军训成果，向中国人民解放军建军90周年献礼，向北京航空航天大学建校65周年献礼！士嘉三营，向北航行，空天报国，每战必赢！

士嘉三营抛帽欢呼

居嘉生活之
星河为嘉，与士相聚

　　离别故土，相聚士嘉，你是否还记得那片片银杏拉开序幕的迎新晚会；桂香阵阵，月上中秋，你是否还记得那皎洁月光之下嘉士共贺佳节；回首嘉事，从嘉启航，你是否还记得毕业晚会上那悸动青春的欢声与泪水；奖章榜样，奇才争锋，你是否还记得颁奖典礼上各位嘉士的飒爽英姿。时间线总在无限延长，士嘉汇标记记忆节点，让我们拾起这一颗颗星辰，共同编织属于嘉士的璀璨银河。

"初见 moment" 文艺晚会

相传

2017 年 11 月 17 日

历经 23 天的策划和辛苦排练

士嘉书院焕发出新的容光

终于迎来

"初见 moment" 文艺晚会

一点期待

一点惊喜

一点躁动

更有

一场专属于士嘉新生的联欢

一个留给你表现自我的舞台

一段等着你我来书写的故事

星光闪闪

音符跳动

晚会彩排在教一楼梯口进行

经过了初审和彩排

最后有 18 个节目

将要登上明晚的舞台

别急

晚会现场更有线上微信墙

让你在沉浸于晚会氛围的同时

可以进行线上互动

之后更会根据观众比例进行抽奖

总有几分钟

其中的每一秒

你愿意用一辈子去回忆

总有几段场景

其中的每一幅画面

你愿意用全部的记忆去铭记

那么在"初见 moment"里

每个音符，每段旋律，每个片段

你会愿意用所有热情去拥抱

去感受时空里

心灵与心灵相遇的声音

寒冷的冬夜里

来一次最美相遇吧

我们在灯光下

我们在咏曼剧场

不见不散

"嘉期如梦"中秋迎新晚会

离家在外,士嘉便是家的方向。

2018年9月24日晚,士嘉星光场中秋迎新晚会"嘉期如梦"在沙河操场如期举行。飒飒秋风吹散不了同学们的热情洋溢,欢呼呐喊点亮了黑夜,炫目灯光摇曳生姿。

踢踏舞:开场的第一个节目是飞行学院男生们带来的踢踏舞。天下风云出我辈,且看今朝白色戎装。

歌曲Secret Base:一身校服,又回到当初的模样;旋律悠扬,唱出了夏日的约定。已知花意,未见其花;已见其花,未闻花名;再见其花,落泪千溟;未闻花名,但识花香。

手风琴《牧民之歌》:琴音舒缓而悠扬,带你走近蓝天最蓝与草原最深处。

说唱Tommorow:This is rapper,这是属于rapper们的舞台。

随后是"嘉"长好声音。首先是马院长为大家带来一曲堪比原唱的《江南》。

接下来是士嘉书院事务助理陈贝老师为大家带来的《听海》。"写封信给我,就当最后约定。"

最后由潘导、高导、王导联合为大家带来《夜空中最亮的星》,为三位辅导员"打call"!

舞蹈《卡路里》:士嘉书院学生会主席团和部长们经过两周高强度排练,为大家带来"嗨翻"全场的舞蹈。

小品《北航特色展示大赛》:"航概"如刀,刀刀催人老。

吉他弹唱《赧然的贼》《我们的时光》:"你看那风儿多萦绕,水儿多跳跃,我要偷走这一切,送你好不好。"

歌曲 *Good Life*：从热烈奔放到温婉如水，从异国之音到动人心弦，温暖是你，感动也是你。

魔术：光影变幻间是指尖的灵动，是扑克牌的交叠。

歌曲《齐天》："日和月在重演，谁号令齐天。"由校园十佳歌手赵河森为大家演唱。

舞蹈《翩翩淑女，窈窕绅士》：无论是广播体操，还是隔壁泰山，我们都可以"hold住"。

合唱《相亲相爱一家人》：有缘才能相聚，有心才会珍惜，我们是相亲相爱的一"嘉"人。

好时节，愿得年年，常见中秋月。愿把今天最好最圆的月亮给你，愿把你最开心的笑珍藏。但愿人长久，千里共婵娟。嘉期如梦，此去梦之万水千山，士嘉与你携手前行。

合影留念

2018 年嘉士汇

2018 年 12 月 21 日晚，嘉士们欢聚咏曼剧场，对本学期各个领域的杰出士嘉学子进行表彰。寒风凛凛，吹不散士嘉学子昂扬向上的激情，欢呼呐喊温暖心田，绚丽灯光摇曳生姿。

乐队：21 Guns at the End of September，乐队的四名同学都超级优秀，得到姚仰平院长的赞赏。

在"名师指路"环节，姚仰平院长亲切地祝贺了获得士嘉奖章的优秀同学们，也希望同学们可以顺利度过考期。

歌曲《年少有为》：这首歌在嘉士汇上唱再合适不过，年少有为说的就是嘉士们，我们嘉士都将是有为的少年。

士嘉奖章颁奖：为今年士嘉奖章的获得者们——于豪、王子腾、邓毅、刘润潇、张真睿、陈平易、祝觊祺、郭杰、梁珏、游盈萱颁奖。作为第一代士嘉人，他们是士嘉的荣耀，他们承担得起岁月的美好。还有获得士嘉奖章提名的同学——王文豪、朱远哲、张葆圣、郑嘉威、夏莹洁、慕怀毅，他们同样十分优秀。

街舞《帽子戏法》：戴上帽子的表演者动作灵巧、技巧娴熟，这些男生们用实际行动向我们证明，这是一顶有魔力的帽子。

歌曲《光年之外》：鄢隽鹏和李沛漪两位同学唱得宛如天籁。

士嘉榜样颁奖：一个团结而有活力的集体，一定是八仙齐聚，各有神通。就像如此优秀的士嘉书院一样，对于士嘉的小伙伴们来说，虽然学习成绩很好，但文艺、实践、工作也样样在行。

魔术《飞鸽手彩》：这位魔术师有着一双神奇的手，可以凭空抓出鸽子来。

歌曲 Love Scenario & My Type：对爱情的痴迷，永远是青春这个舞台上，不老的话题。

舞蹈《雪中梅》：一人一曲一支舞，一雪一梅独自凌。

葫芦丝《月光下的凤尾竹》：凤尾竹林中，融融月光下，隐隐飘出阵阵葫芦丝声，悠扬婉转，十分动人。

歌曲《方圆几里》：一首好听的歌，为表演者们"打call"！

新生杯颁奖：为我们新生杯上取得优异成绩的班级队伍颁奖。

歌曲《天黑黑》《最炫民族风》《相亲相爱》：还记得中秋晚会上一首《江南》惊艳全场的马院长，还有三位新辅导员。压轴登场的就是一直陪伴在我们身边的院长、助理、辅导员们，他们是那些一路上陪伴、照顾我们的最可爱的人。

合影留念

2017 级毕业生晚会

两年匆匆，转瞬即逝。2019 年 5 月 26 日晚，北京航空航天大学士嘉书院"回首嘉事·离嘉远航"2017 级毕业生晚会在北航沙河校区咏曼剧场隆重举行。士嘉书院执行院长马锐，士嘉书院事务助理陈贝，学业助理刘晓雪，2017级辅导员李姝昱、冯天轩、饶晗和刘志威，以及 2017 级毕业生共同观看了晚会。

歌曲《小幸运》：青春是一段懵懂的岁月，其中有女孩们的悸动，男孩们的热情。177502 大班八位同学带来开场曲《小幸运》，委婉诉说着专属青春的那点"小确幸"。

情景剧《我爱学习，学习爱我》：177501 大班的同学们用情景剧演绎了嘉士们的日常学习生活，欢声笑语里寄托着对知识的向往、对书院的热爱，在士嘉的每一天，平凡却不平庸。

游戏《"声"临其境》：中场游戏以轻松幽默的配音形式展现，三段小视频不仅提醒了同学们宿舍安全与上课听讲的重要性，同时也体现了 2017 级士嘉学子们与辅导员间深厚的感情。

歌曲《雪落下的声音》：纯净的男声，熟悉的旋律，打动了在场的每一个人。

游戏《你画我猜》：荧幕上抽象的简笔画，勾起了往日我们在沙河生活的点点滴滴，那些沙河的标志性建筑——校训石、国家实验室、"航概妹"，已经深深地刻在我们的脑海中。

吉他《花水木》：龚文杰同学弹奏的曲声萦绕在耳畔，那悠扬的声音使同学们都沉浸在音乐的世界里。

舞蹈《卡路里》：在士嘉书院有一群"紫精灵"在背后默默地为同学们付出，为书院的建设增砖添瓦，他们就是士嘉书院学生会。随着歌声的响起，学生会的同学们跳起了欢快的舞蹈，热情奔放的舞姿感染着在场的每一个人，同学们都为他们鼓掌欢呼。

葫芦丝《阿佤人民唱新歌》：陈贝老师为大家带来一首《阿佤人民唱新歌》，旋律清脆悦耳，宛转悠扬，曲声让我们回味起过去美好的瞬间。

士嘉KTV：马锐院长倾情献唱，荧幕上播放了辅导员们一起录制的视频，视频里还有2018级的士嘉书院辅导员参演。接下来陈贝老师为大家带来了《魔鬼中的天使》，送给士嘉书院的女生们，做个快乐坚强的天使，阳光启程。最后在四位辅导员的歌声中，同学们纷纷打开闪光灯，随着节拍轻轻挥舞手臂。会场里闪烁着点点的灯光，就像暗夜里的星星，温暖着每一位士嘉人。

士嘉书院2017级毕业晚会至此圆满结束。

千言万语道不尽我们对士嘉书院的深情，难忘在士嘉书院的点点滴滴。让我们将内心的依依不舍化作前进的动力，在未来两年的大学生活里，扬帆远航！

2019 年嘉士汇

弦声欢歌,行云犹遏。

琴瑟丝竹,余音尚存。

何物引相思,北航有嘉士!

何人最动情,嘉士汇我心!

在晚会开始前三周,各项准备工作已有条不紊地展开,从晚会策划到节目的征集与审核,从环节设定到物资准备与场地布置,各节目开始了紧张的练习与彩排。

遥想半月嘉士梦,皆如银幕过脑中。

辛苦策划跳与唱,呕心经营影和光。

高手浪里竞潮头,奇才群中争前锋。

奖章榜样见分晓,星光璀璨耀沙河。

在大班推荐、评审委员会评审以及候选人答辩等环节中,士嘉学子展开了激烈角逐,他们在答辩会上沉着冷静、镇定自若地回答评委们的提问,一展嘉士风采。经过几番斟酌,最终评选出了第二届"士嘉奖章""士嘉奖章"提名奖以及"士嘉榜样"获得者。

厉兵秣马,三月聚粮;万事俱备,东风劲吹。终于,屏幕亮起。一张张面孔,一幅幅画面,见证我们由青涩到适应,由陌生到熟识的历程,是成长,也是蜕变。期待已久的嘉士汇终于拉开了序幕。

荣誉是嘉奖,也是勉励。士嘉书院院长姚仰平向各位获奖者颁奖,并勉励他们继续努力。姚仰平院长为士嘉书院的同学们致辞,激励同学们秉承士嘉精神,以嘉士为榜样,在品学兼优、德才兼备的学长学姐带领下不断学习进步,在士嘉书院的学习生活中收获成长。

歌曲《太阳》：青春似朝阳，当发光发热，温暖人间。如梦如幻如眼前美景，学长歌喉吐天籁，引人入胜。似火似热似无边激情，旋律内涵藏教诲，发人深省。

钢琴 *Spring*：巧指点染春色，一曲如沐春风。叮咚青山流绿水，叽喳鸟兽闹枝头。幸得巧手与妙法，引得春意见隆冬。

小提琴《花儿为什么这样红》：一人一提琴，惊闻天上声。琴弓如笔弦如纸，绘出红花满眼出。先烈追思心牢记，报国热情犹更急。

游戏《听歌识曲》：看过央视的《开门大吉》，是否你也梦想自己能道破弦音，载誉而归？嘉士汇让你圆梦。

钢琴《猫的协奏曲》：指尖跳跃，雅俗共赏；琴音萦绕，回味无穷。一人一椅一张琴，巧演经典片中景。节拍韵律似同一，神态动作犹共心。奇思妙想未找觅，积极笑声连不停。不知人之梦猫乎？抑或猫之梦人欤？

舞曲《消愁》：触动我心，名副其实。消愁消吾愁，消尽愁绪轻装走。开心开己心，开遍心语踏远行。

葫芦丝《彩云之南》：滇南古韵，时代新声，化作舞曲动人魂。良人吹，良人舞，滇南风情收眼底，动乡情。宛转声，宛转行，士嘉学子多才气，难忘之。

游戏《你画我猜》：高手同台竞技，究竟是"广场舞"厉害，还是"脱发"更胜一筹呢？

舞蹈*Fancy*：舞动青春，热血嘉士，"燃爆"全场。

吉他、贝斯弹唱《平凡之路》：平凡之路，因为你们，变得不凡。一手吉他一贝斯，弹唱风神古未识。非凡嘉士展英姿，平凡不限鸿鹄志。

小品《请假奇遇》：取材生活，表现生活，诙谐手法演出嘉士生活现实。反映学习，服务学习，幽默方式告诫学子学习求知。

舞蹈《青春组曲》：勇敢唱，大胆跳，放飞自我，高歌向前。这才是青春正确的打开方式。

歌曲《桥边姑娘》：优美的歌声，让人浮想联翩的意境。

　　歌舞《青苹果乐园》：众星闪耀，是辅导员们的星光，独特而耀眼。那些在台前幕后辛苦工作的场务人员，最应受到我们的致敬。

　　当全场共同唱响《我们都是追梦人》时，嘉士汇的帷幕在昂扬的歌声和热情澎湃的考期祝愿与新年祝福中缓缓落下。

　　求是至善，宁静致远，嘉士不负韶华，为梦奋斗。

　　德才兼备，知行合一，嘉士不懈拼搏，以梦为马。

　　好戏年年有，今年特别多。今年没能登台的你不要难过，希望明年在嘉士汇的舞台与你相逢。

"弦歌初响" 2020 迎新晚会

2020 年 10 月 14 日，成为"嘉人"已整一个月。有的人第一次离开家，在琐碎的生活事务中晕头转向；有的人慢热，还没有找到适合自己的节奏。然而绚丽的灯光会包藏长夜里的所有不安，舞台已经搭好，它在等待那双舞鞋、那把吉他，它们仿佛都在催促你"该登场了"。我们特意准备了一场精心策划的迎新晚会。你，准备好了吗？

二重奏 *Summer*：悠扬的小提琴与优美的钢琴合奏作为开场。

街舞《快乐崇拜》：Maniac 街舞社的表演，让我们一起舞动起来吧！

独奏 *My Heart Will Go On*：萨克斯的音色温柔至极。

小品《网·疫·云》：三个月的网课是我们 2020 级的独家体验，你是否也有过被父母催着上网课的经历呢？

奏唱《理想三旬》：温和低沉的男声就像深海的鲸鸣，歌声将故事娓娓道来，让我们一起享受动人时刻吧！

街舞 *Poker Face & Kill This Love*：又是一场疯狂"打 call"！又美又飒的女生们魅力十足。

小品《快乐而温馨的北航日常》：一大班同学带来了真实而搞笑的北航日常——体温打卡，校园卡丢失，上课困到不行，刷 TD。

杯子舞 *Believer*：整齐的杯子舞，超强的节奏感，用两个字概括就是——超帅！

合唱《再见平凡》："黑暗中伸出的希望之手，我抬头仰望，再见平凡。"三大班的合唱，是否使你的心中燃起希望。每个人都是不平凡的嘉士，让我们紧握希望，再见平凡。

小品《倩倩》：小嘉温馨提醒您，直播千万场，适度第一条，打赏不理性，

独自两行泪。

独唱《后来》：书院陈贝老师的嗓音有没有打动你呢？一首《后来》宛如天籁。

唱跳 *Sugar*：Sugar！ Yes，please！飒爽的舞姿，帅气美丽的脸庞，动人磁性的嗓音，这就是士嘉部长团。

舞蹈《乘风破浪的辅导员》：看辅导员们"乘风破浪"，扭起舞来。

合唱《摘星》：来听一个摘星的故事。这个故事以万户飞天作序，用科学家们的汗水铺垫，引领演出在探索寰宇中走向高潮。

"士"逢其时，"嘉"期终至。疫情没有阻碍嘉士的步伐，仰望星空的理想指引着嘉士的方向。士嘉书院迎新晚会已经圆满结束，但嘉士们的旅程才刚刚启航。始发站是家乡，终点站是理想。

2020 年嘉士汇

2020 年 12 月 21 日，北京航空航天大学士嘉书院 2020 嘉士汇暨年终颁奖晚会在沙河校区咏曼剧场举办。北航士嘉书院院长姚仰平，执行院长王雷华，专职辅导员邵英华、门雪洁，事务助理陈贝，学业助理谢贝贝，2020 级半脱产辅导员孟文沁、邹志诚、于豪、郭玖嵘出席本次晚会，到场的还有士嘉奖章和士嘉榜样获得者，以及 2020 级全体嘉士。

晚会首先由北航士嘉书院院长姚仰平教授致辞。在讲话中，姚院长回顾了 2020 年的抗疫成果，也对同学们提出了四点建议，希望大家塑造达观向上的品格、涵养国家同心的情怀、磨砺艰苦奋斗的精神、锤炼卓越出众的才能。同时希望同学们能以士嘉奖章及士嘉榜样获得者为榜样，努力学习。考期将至，愿同学们认真备考，取得圆满的成绩，同时预祝晚会圆满成功。

在晚会中，由士嘉书院院长姚仰平及执行院长王雷华为士嘉奖章的获得者们颁奖，专职辅导员邵英华为"士嘉榜样"获得者(代表)颁奖。

晚会还有精彩的节目穿插，表演者在舞台上尽情挥洒汗水，观众在台下激动地挥舞着荧光棒。《少年》展现了青年人的活力与朝气，《追光者》用人声演绎出乐器的效果，《葫芦丝联奏》展现了民谣的风采，《我的好兄弟》展现了辅导员间浓厚的感情，《最初的梦想》表达了对同学们不忘初心的祝愿。节目精彩绝伦，掌声经久不息。

为了增加晚会的趣味性，加入了游戏环节。"你画我猜""节约争做干饭人"引得台下同学们捧腹大笑。欢笑过后，游戏参与者还获得了主办方准备的精美礼品。此外，抽奖环节也令同学们激动不已，暖风机、颈部按摩仪、火箭小夜灯，还有最终大奖 kindle，每一个都让人非常心动。荣获最终大奖的"锦鲤"，更是让人羡慕不已。

晚会在一片欢声笑语中走向尾声,嘉士汇也是嘉士们的家庭聚会。晚会告一段落了,但嘉士们即将走向更好的未来。

居嘉生活之
士强体魄

　　运动是生命的源泉,体育运动是大学生活中极为重要的组成部分。学校和书院开展了一系列的体育活动,吸引嘉士们走向操场、走进阳光下,积极参加体育锻炼。在各种体育运动的比赛和活动中,嘉士们都以极好的状态取得了佳绩,不但锻炼了体魄,还在参与的过程中收获了不一样的快乐。

第56届校运会

2017年10月27日，第56届校运会如期而至。经历过周六一天"妖风"的洗礼，沙河的阴霾早已散去，阳光明媚，晴空万里。

开幕式上，方阵同学着紫、白两色士嘉院服，摆出"士"的字样，意表学生嘉士风范；同学们还高举航模飞过"甲板"，做起飞状，意表学子腾飞之心。方阵高喊"求是至善，宁静致远"，主席台响起阵阵掌声。

迎面走来的是"士嘉七娃"方阵，他们在"群生汇聚"的10月29日来到沙河运动场，向北航庆生。看，他们五颜六色的服装代表着勃勃的生机；瞧，他们阳光的脸庞凝视着前方，眼神中透露着坚毅与刚强。扬起的手能让我们感受到饱满的力量，因为那是全体嘉士的信仰和信念，也是对远方的梦无比的憧憬与向往！

士嘉七娃，意气风发，献礼校庆，逐梦天涯！

运动场上，士嘉健儿短跑、长跑、跳高、跳远、接力赛样在行样。男儿当自强，巾帼更不让须眉！

经过一天的拼搏，士嘉代表队收获颇丰，获得入场式评比二等奖，竞赛项目男子团体总分第五名，女子团体总分第二名，团体总分第三名。

当然，嘉士们还有更多的个人奖项。男子100米夏元十、夏秀博两位选手双双进入决赛，分获第四、第六名；女子100米决赛刘儒蒨、罗思怡分获第五、第六名；女子200米刘儒蒨获第二名；等等。

祝贺获奖的嘉士们，愿他们继续加油！我们期待明年更精彩的比拼、更昂扬的入场、更青春的少年们。士嘉书院，加油！

士嘉篮球争霸赛

2017年11月，在酣畅淋漓的士嘉争霸赛上，各支队伍上演了一场场精彩绝伦的攻守博弈。小组赛的竞争进入白热化阶段，比赛的胜负往往只在一瞬之间，小组的积分情况也暗藏杀机，每支队伍都还保留着晋级的希望。只剩最后一场比赛，胜利就在眼前。

女篮争霸赛

谁说女子不如男？随着一声哨响，比赛开始。在球场上飞奔的主角，是英姿飒爽、活力四射的篮球女将。士嘉争霸赛女子篮球赛正式开战。

女篮比赛虽然没有男篮比赛时的激烈场面，却也精彩纷呈。传球、运球，向前推进，配合默契；投篮、上篮，赢得场边阵阵叫好与掌声。每一次奔跑，留下的都是长发飘飘的背影；每一次接球，都传递着拼搏与信任。也许动作不是那么专业，但却有着相同的目标；也许过程不那么完美，每张照片却记录下珍贵的回忆。虽然女篮比赛结束了，但会吸引更多热爱、关注篮球的女同学参与这项运动之中。

小班总结

18+19联队：

抢断、抢板，双方队员们激烈对抗，迸发出无尽青春之火；传球、联防，双方队员们默契配合，凝聚着相互信任；欢呼、呐喊，双方观众们大声助威，为队员们注入不竭动力。45分钟的激烈对抗很快结束，有得意，有遗憾，有快慰，有懊恼。但无论如何，双方队员都奋力拼搏过、努力过、绽放过属于自己的青

春活力。

27小班：

27班率先适应比赛节奏，取得了8∶1的优势开局。随后13+14联队稳住阵脚，将比分扳至8∶5。此后双方展开了强烈攻势，在上半场结束时27班逐步将优势扩大至20分。下半场，13+14联队采取了有效的防守策略，通过全场紧逼迫使27班运球推进过程频频失误，并抓住机会快攻上篮，渐渐拉回比分，但最终27班多点开花，得分更胜一筹，锁定了胜局。

11小班：

从小组赛排名尘埃落定的那一刻起，淘汰赛就正式拉开了帷幕。一场决定胜负的淘汰赛，没有喘息的机会，更不容许出现任何错误。穿上球衣，拼尽全力，谁与争锋！

2017 士嘉冬季趣味运动会

2017年12月，由士嘉书院体育部精心策划的"士嘉冬季三项趣味运动会"在体育馆内火热展开。

"数分"的期中考试刚刚过去不久，真是有人欢喜有人忧。为了缓解期中考试的压力，使同学们以良好的心态投入到下一阶段的学习中，士嘉书院专门策划了此项充满趣味的运动会。

冬季三项是集体跳大绳、"多么痛的领悟"（指压板上跳绳）、篮球技巧赛。当然，参与运动会的不只是同学们，还有可爱的辅导员们。尽管运动会期间天气寒冷，但同学们积极投入，参与热情高涨。欢笑声、尖叫声此起彼伏。其中，最具趣味的项目当属"多么痛的领悟"，当参赛选手在指压板上"欢快"地跳跃时，脸上的表情可以拼成"如诗如画"的表情包。

最后，如此具有趣味的运动会当然少不了丰厚的奖励。各项比赛结束后，马锐院长为参赛队伍颁发了奖品——一箱箱新鲜可口的水果。

通过此次运动会，同学们既锻炼了身体，又收获了欢乐。期待明年的"冬季三项"，明年冬季再相约！

第8届体育文化节

2018年4月,清明假期"雪"纷纷,"沙村"行人欲断魂。在四月"飞雪"的时节,望着白茫茫的一片,是不是已经按捺不住内心的欢快,想要抛弃"数分""工图"、走出宿舍,去愉快地玩耍呢?为了满足大家的愿望,北航校学生会举办的第8届体育文化节就要与各位见面了!

本次比赛共分为7个大项,分别是:篮球、足球、游泳、乒乓球、羽毛球、台球和趣味项目。

篮球

篮球比赛在校历第6周拉开序幕。比赛分为男子篮球赛和女子篮球赛,采取小组积分赛和淘汰赛的比赛方式。狭路相逢勇者胜。

足球

正值欧冠之际,又逢世界杯开战在即,球场亦是暗流涌动,大战一触即发。本次足球比赛将在校历第5至第10周进行,各位"球王"你们准备好在球场上一球定乾坤了吗?愿你我仍是追风的恣意少年。

游泳

游泳是本次体育文化节最新加入的项目,将进行男/女50米自由泳、蛙泳,男子100米自由泳、蛙泳和团体4×50米接力赛共计7个小项的比拼。水中的阻力就是前行的动力。认定目标,勇往直前,在蓝色的泳池里,自由"飞翔"。争做泳池里的弄潮儿,为士嘉增光添彩。

乒乓球

书院里卧虎藏龙，个个等待着用手中的球拍给对手以"致命一击"。士嘉的"国手"们，期待你们的凯旋。

羽毛球

本次羽毛球比赛将分为男单、女单和男双三个小项。"林李大战"即将成为绝唱，羽毛球即将迎来新的时代。士嘉的"超级丹"在哪里？我们翘首以待你的出现，去扣杀，去逆转，去力挽狂澜，去赢得胜利。

台球

沉着冷静、谦虚有礼、绅士风度，这是台球特有的比赛风格；精密计算、严谨走位、脑力对决，这是一场没有硝烟的斗争。球与球的碰撞，杆与杆的对决。

趣味项目

趣味项目包含"暴走大礼包""三维弹球""飞奔的画笔"三个项目。不精通体育项目，又想感受体育文化节的愉快气氛？那么趣味项目是你的不二选择。叫上二三好友，相约趣味比赛，在文化节留下自己的足迹吧！

北航羽毛球本科生团体赛

2018年6月3日，2018年北京航空航天大学羽毛球本科生团体赛(以下简称"本科生赛")在北航体育馆举行。在激烈的厮杀角逐后，士嘉守锷联队团结一致，最终以全大一阵容获得本科生赛第四名。

摸爬滚打实不易，赛场求存难更难

6月3日8∶30，比赛准时开始，士嘉守锷联队面临激烈残酷的小组赛。本次比赛士嘉守锷联队被分到了强者如云的B组。其中包括曾经"三连亚"的6系、今年的季军17系，男生综合水平不俗的16系。在首轮比赛中，经过稳扎稳打，士嘉守锷联队以4胜1负的优异成绩挺进八强。

在八进四的淘汰赛中，联队的对手是去年的殿军13系，士嘉守锷联队及时调整阵容，最终凭借着3胜2负的成绩成功晋级四强。

汗水化尽不遗憾，拼搏过后尽开颜

在半决赛中，士嘉守锷联队与同为大一的"士如破竹"队(冯如士谔联队)狭路相逢。首轮对阵中，联队猛攻先下一局。然而"士如破竹"队在后来的比赛中丝毫不让，连夺3分。士嘉守锷联队遗憾止步四强。

在最后的季军争夺赛中，士嘉守锷联队再敌17系。尽管联队积极调整战术，派出男单吕博凡，男双"炊锅组合"力压对手，却因综合实力相对较弱，最终排名第四。

在这次比赛中，参赛队员收获满满，感慨万千！

崔书豪：

这是一次完美而难忘的比赛，我们拼到了最后一刻，取得了很不错的成绩，感谢队里的每一位成员，是我们之间的相互信任、相互鼓励、相互协作，才有了这样的成绩，感谢我男双的队友们，默契的配合让我感受到体育真正的快乐。守锷士嘉，加油！

苏巧函：

我很开心有机会能和大家一起打羽毛球，见证了大家在赛场上的飒爽英姿，也感受到了生命的张力和青春的张扬。也许这就是运动的魅力，让我们释放了真正的自己。一起欢呼胜利，一起呼喊加油，很开心这段时间与队友们同行。

郭弢：

千言万语化作五个字——冰沙真好喝。

吕博凡：

纳闷为什么对方最强的选手总是躲着我。

邹家皓：

尽管联队组建时间不长，训练次数也很少，但我们还是齐心协力从20支队伍中脱颖而出，坚持到了最后。一整天的赛程很辛苦，但是很充实，比赛结束后和守锷冯如的朋友们一起吃火锅也是很开心的。

张荣琦：

感谢队员们的付出，虽然拿了名次，但感觉自己还是没做到最好。希望我以后能勤加练习，在关键时刻能够顶住压力。这次比赛不论结果如何，大家都收获了运动的快乐和拼搏的激情，这才是难能可贵的。希望以后守锷和士嘉书院的同学能够继续努力，将体育竞技的精神带到生活的方方面面。

第 57 届校运会

2018 年 10 月，在北京航空航天大学 66 周年校庆外场，酥嫩的章鱼烧、脆甜的糖葫芦、熏香的鸡尾酒、甜蜜的奶茶……吸引着外出觅食的同学们。

就在大家沉浸在校庆的喜悦时，与此相隔百米的操场却是运动员们的领地，他们都摩拳擦掌、整装待发，似弦上之剑，只待号角吹响。百米咫尺，刹那之间；千米之途，坚持就是胜利。

放弃欢愉的校庆，努力拼搏的选手们，自然不能被亏待。在筛选前，体育部早已安排了工作人员，并准备了丰盛的补给和小礼品给嘉士们鼓劲。

经过一上午的忙碌，校运会的筛选圆满结束。周六的校运会，我们的嘉士们定不会让我们失望，祝他们夺冠而归！

2019 夜跑计划

2019年4月1日晚，士嘉书院为期两周的夜跑计划正式拉开序幕。本次活动意在向同学们推广良好的生活习惯，鼓励同学们多多参与体育锻炼，拥有一个良好的体魄，为学习和生活打下坚实的基础。

这次夜跑比赛共分四类奖项，分别是：单人组、双人组、三人组和总里程奖。评奖规则为先比较打卡天数，若相同则比较总里程数，数优者获奖。

活动最后一晚，士嘉体育部举行了集体跑活动，并于活动后为各组颁发奖品，为夜跑活动画上圆满的句号。

待颁发奖品并合影留念后，为期15天的"青春共奔跑"夜跑活动拉下了帷幕。在今后学习生活中，望大家能继续带着自由的心，尽情挥洒汗水，勇敢跑下去！

第 58 届校运会

金秋送爽，丹桂飘香。

嘉期如约，陆柒芳华。

2019 年 10 月，北京航空航天大学第 58 届校运会如期而至。

秋风送爽，阳光正好。

37 个院系，1219 名运动员，人数规模之大为历届首次。

鼓乐齐鸣，人声鼎沸。

各代表方阵蓄势待发，将在场上一展风采。

首先进行表演的是行进管乐团。

东、南、西、北，阵型变化气势如虹。

管、笛、鼓、号，铿锵有力裂石穿云。

在入场式环节，全场最亮眼的当属士嘉书院的"小豌豆"们！

他们打破常规，以生动诙谐的方式展现活力。

他们拒绝呆板，用无限的创意点燃全场。

豌豆就位、豌豆发射，一声声口令迸发着青春的激情。

空天报国、敢为人先，一句句誓言掷地有声、慷慨激昂。

欲求天下士，北航第一嘉；红蓝之滨，有士嘉之紫。

北航有我，士嘉有我。

士嘉的精彩，必将由嘉士们去书写！

庄严的国旗冉冉升起，裁判代表和运动员代表郑重宣誓，随着第一声鸣枪，北航第 58 届校运会即刻开启，体育健儿们之间的较量一触即发。

运动场上，健儿们各显神通；北航校内，同学们共享盛况。

矗立在操场中央的颁奖台，随时静候着获奖的运动员们。比赛和颁奖双线并行,将现场气氛一度推向高潮。

值得一提的是,为了嘉奖各学院运动员的体育竞技精神,本届校运会还专门定制了奖牌,令各学院的同学们不虚此行,收获满满。此刻,所有的汗水浇灌出成功之花,所有的努力与付出都化作最美好的回忆。

夕阳西下,比赛项目已陆续收尾,运动会也接近尾声。

此次运动会,士嘉书院硕果累累。无论是场上拼搏的运动员,还是入场式方阵和广播体操,都取得了不错的成绩。

本次由士嘉书院和冯如书院承办的运动会圆满落幕。大到整个书院的精心组织与策划,小到每个同学的积极投入与付出,都值得被铭记和敬佩。运动会的成功举办离不开学生会的协调配合与辛勤付出,离不开同学们的积极响应与全力投入。

我们"士一嘉人",运动会的圆满落幕,有你,有我,也有他。光阴流转,星辰已昨日,今日的盛景已刻在北航的历史;明日之士嘉,定能不负赤诚,再创辉煌!愿日后星河璀璨,士嘉故事犹存;愿你我共赴蓝天,嘉士精神永在。

第 59 届校运会

2020年10月25日，晴空万里，绵延浩瀚的深蓝；枫叶绚烂，晕染生命的鲜红。陆捌嘉期至，青春士气扬，北京航空航天大学第59届学生运动会拉开了帷幕。

步履坚定，口号激昂，各大院系方阵在阳光斑驳下更显耀眼，而士嘉书院当属这层叠秋色里最独特的点缀。

紫色麋鹿腾云而跃，那是万千嘉士逐梦远航；铮铮誓言震天而响，那是士嘉傲骨慷慨铿锵。士逐桂冠颂校庆，嘉展英姿沐荣光，在重阳的温情与校庆的欢悦之中，运动场上的嘉士用体育竞技的热血书写北航的辉煌！

接下来，便是万众瞩目的升国旗宣誓环节，国旗的火红卷去深秋的清冷，师生的宣言拉开青春的帷幕，北航第59届校运会正式开始！

本次运动会，士嘉书院的学子们硕果累累，他们正整装待发，向下一个目标前进。最后，运动会圆满落幕，但体育精神永驻。愿我们每一个嘉士，都能在拼搏奋进中薪火相传，将空天报国、敢为人先的誓言铭记；将求是至善、宁静致远的院训践行。愿身处嘉期的万千勇士们，手可摘星辰，肩可负荣光。

士嘉书院 2021 年学生运动会

　　四月春盛，春意盎然，万物复苏，时值中国共产党建党 100 周年之际，士嘉书院学生运动会在沙河校区体育场顺利召开。出席本次运动会开幕式的嘉宾有机械工程及自动化学院党委书记张志刚、北航体育部主任王喜忠、北航学院党政办公室主任范鹰、士嘉书院执行院长王雷华、士嘉书院专职辅导员门雪洁，开幕式由士嘉书院专职辅导员申泽鹏主持。

出席开幕式嘉宾

　　8:00，运动会开幕式在激昂的进行曲中拉开了帷幕。首先走过主席台的是国旗护卫队以及书院院旗护卫队英姿飒爽的护旗手们，彩旗队的同学们紧随其后，展现出昂扬的姿态。在三个旗队的带领下，士嘉书院 15 个小班的代表队依次走过主席台，他们整齐的队列变化、独具一格的表演内容以及高亢

响亮的口号都展现出了良好的精神风貌，将本次开幕式的气氛推向高潮。

在庄严肃穆的升旗仪式之后，栗香槐老师和刘懿慧同学分别代表裁判员和运动员宣誓。随后，体育部王喜忠主任和机械工程及自动化学院张志刚书记作为嘉宾代表致辞，他们指出，士嘉书院紧跟国家和学校体育事业发展战略，鼓励书院同学们积极锻炼身体，追求德智体美劳全面发展，为同学们今后更好地投身国家航空航天事业打下了坚实的基础。

紧接着，士嘉书院执行院长王雷华老师致开幕辞。王院长对书院同学们提出了三点期冀，希望大家能够做到"强体、拼搏、合作"，勇攀人生的高峰，成为担当民族复兴大任的时代新人。开幕式最后，北航学院党政办公室主任范鹰老师宣布运动会开幕。随后，张志刚老师为男子100米预赛鸣首枪，运动会正式开始。

本届运动会分为田径项目和趣味项目。田径项目包括100米、200米、400米、男子1000米、女子800米、4×100米接力、跳远、实心球；趣味项目包括跳长绳、百发百中、充气毛毛球、夹球接力跑。赛道上飞驰的身影，实心球

运动会剪影

场地上力拔山兮的推掷，趣味项目中的欢声笑语，看台上的奋力助威，共同描绘了体育赛场上青春洋溢的绚烂画卷。

11:30，经过一上午的激烈角逐，运动会的比赛项目圆满结束。17小班、14小班、20小班获得入场式一等奖；21小班、17小班、18小班获得优秀组织奖；21小班、17小班、19小班获得小班团体总分前三名；四大班和二大班分别获得大班团体总分前两名。由主持人宣布比赛成绩后，辅导员申泽鹏、门雪洁和院长王雷华依次为获奖同学和集体颁奖。

最后，运动会在一片欢声笑语中顺利落下帷幕，书院全体同学共同拍照留念，记录下美好的瞬间。

书院同学合照

北航沙河校区第一届体质健康标准测试赛

　　暮春时节，暑气渐盛，田径赛场，青春飞扬。为响应国家关于加强高校体育工作的号召，激励广大同学加强体质锻炼，2021年4月24日上午，由北航体育部主办、士嘉书院承办的北航沙河校区第一届体质健康标准测试赛顺利举办。体育部副主任陈艳老师以及士嘉书院专职辅导员申泽鹏出席本次赛事，来自沙河校区七个学院大三年级的百余名同学参与测试。

　　本次赛事力求展现北航学子的运动风采，助力校园体育文化建设。为了保证同学们的身体健康，校体育部副主任陈艳老师在测试开始前向同学们着重强调了"安全第一"的比赛原则，并带领同学们一起做准备活动。充分热身后，各学院队伍跟随志愿者前往相应场地，在体育部老师们的指导下开始竞赛。

　　引体向上、立定跳远、50米跑为本次竞赛中男子组的小项目，男同学们纷纷使出浑身解数、奋勇争先，不时有出彩的表现尽展青春风采。女子组的三个小项为：仰卧起坐、立定跳远和50米跑。赛场上的女同学们充分体现出了拼搏精神，谱写了意气飞扬的青春华章。

　　各小项目比赛结束后，同学们抓紧时间休息调整身体状态，认真备战最后的长跑测试。在考验耐力的长跑赛道上，参赛同学们不仅展现出较强的身体素质，还表现出强大的心理意志，凭借持之以恒的毅力顺利跑完全程并取得了较为理想的成绩。

　　最终，经过近3个小时的测试比拼，物理学院获得沙河校区团体总分第一名，能源与动力工程学院获得团体总分第二名，宇航学院获得团体总分第三名。来自能源与动力工程学院的谢学辉获得了个人总分第一名，物理学院的沙木哈尔获得了第二名，物理学院的石含清获得了第三名。校体育部的老

师们以及士嘉书院专职辅导员申泽鹏为上述获奖集体和个人颁奖。

至此,在所有参赛人员、组织老师以及志愿者们的共同努力下,北航沙河校区第一届体质健康标准测试赛圆满落幕。全体人员共同合影留念,记录了这美好瞬间。

据悉,本次测试赛旨在深入贯彻《"健康中国2030"规划纲要》的相关要求,扎实推进我校体质健康测试工作。以此次赛事为基点,学校也将进一步加强对于全体同学体质测试达标的要求,促进广大北航学子身体素质和学习成效"两手抓",切实提高我校学生体质健康水平。

北航首届趣味心理运动会

趣味心理运动会现场

悦纳自我，振奋精神，磨砺韧性，绽放青春。2021年5月22日上午，为缓解后疫情时期学生学习、生活的压力，让同学们在享受运动的同时，获得身心的充分放松，锻炼团结协作能力，由北航党委学生工作部、研究生工作部主办、士嘉书院承办的北航首届趣味心理运动会在沙河校区田径场成功举行。士嘉书院专职辅导员申泽鹏出席本次活动，来自学院路、沙河两校区13个学院（书院）的总计300余名同学参与了本次运动会。活动旨在通过体育赛事的形式，挖掘有趣的团队运动项目，让同学们在运动中融入团体、释放压力，培养阳光积极的心态。

8:30，待各代表队同学入场站定，升旗仪式正式开始。现场庄严肃穆，国旗缓缓升起，到场的同学全体肃立，齐唱国歌，行注目礼。随后，士嘉书院专职辅导员申泽鹏做开幕讲话，申泽鹏简要介绍了运动会及各项目流程，向全体到场的同学强调了活动安全意识，号召各支代表队坚持友谊第一、比赛第二的原则，多沟通、多交流，力争做到比赛公平公正，裁决无异议。讲话最后，申泽鹏宣布运动会正式开幕。在现场一阵热烈的掌声中，北航首届趣味心理运动会正式拉开序幕。

运动会精彩瞬间

激昂的乐声响起，田径场上气氛逐渐热烈，昂扬的青春气息开始弥漫。

冲刺毛毛虫项目上，队员步伐一致，三抹亮色在田径场上飞驰，互争高下，展现了竞争与合作并存。

在星际之圈游戏中，团队成员之间相互协作。半途中断的情况或许会让人焦灼，但面对挫折不妥协、不放弃才是青春本色。

纸牌接龙、飞夺泸定桥、珠行万里……随着项目的一个个展开，田径场上的气氛达到高潮，每位同学都在一次次的不断努力中融入集体，胜负带来的荣誉感也愈发强烈。

最终，经过近三个小时的激烈角逐，五个竞赛项目纷纷决出高下。运动

会颁奖仪式上,士嘉书院专职辅导员申泽鹏为每个项目前三名队伍以及团体优胜奖获奖队伍颁奖。

颁奖仪式结束后,全体参赛同学及工作人员合影留念。在一片欢呼声中,北航首届趣味心理运动会圆满落下帷幕。本次趣味心理运动会用别样的方式,让同学们在运动中认知自我,在团队协作中开放自我,在面对困难时学会用积极的心态和行动提升自我。

合影留念

5月25日,即"我爱我"全国大学生心理健康节到来之际,悦纳自我,振奋精神,没有人再是一座孤岛。相信通过此次趣味心理运动会,同学们会在一项项赛事比拼中看到团队合作的重要性,看到青春的亮丽本色,更看到生活的阳光与美好。

居嘉生活之
士备嘉风，风采动人

　　求是至善，宁静致远，士备嘉风，风采动人。礼仪风采大赛比拼，温习礼仪文明，以礼之风，成"嘉"之士。宿舍文化相互交流，装扮嘉士之家，彰显个性，书写青春。每逢佳节互送温暖，祝愿士嘉女生书写不凡，绚烂青春，自由自在。缘分使我们相聚于此，我们共筑起独特的士嘉文化。

首届"嘉士有礼"礼仪风采大赛

以礼之风，成嘉之士。荀子曰："不学礼无以立，人无礼则不生，事无礼则不成，国无礼则不宁。"重视文明礼仪，在现代社会中具有非常重要的意义。

为进一步加强书院精神文明建设，让同学们更好地学礼仪、用礼仪，展现当代大学生的文明素质，士嘉书院举办了首届"嘉士有礼"礼仪风采大赛。

本次大赛赛程包括初赛和决赛。初赛在2019年11月27日以笔试的形式开展，来自三个大班的16支代表队八仙过海、各显神通，表现出了嘉士们非凡的知识量。其中有四支优秀的队伍脱颖而出，他们分别是——潘潘有李队；我们是一个队；张亮麻辣烫队；您好，请，谢谢队。

回顾决赛

第一轮为客观题抢答环节。客观题分为判断题和选择题，主持人读题的同时选手们要拍下面前的抢答器抢答。有的队伍屏息以待，全神贯注地聆听题目；有的队伍手掌虚悬于上，只等主持人发出指示。拍动抢答器的声音不绝于耳，现场的气氛逐渐进入高潮。最终，潘潘有李队以70分的总分独占鳌头，其余三队也取得了不错的成绩。

第二轮为观众抢答环节。观众不再是看客，而是作为选手参与到比赛中。

第三轮为团队展示环节。《好事近》《临江仙》《鹧鸪天》《西江月》……这些优美的词牌作为题目闪亮登场。依然是团队作战，四支队伍从15个词牌中各挑选一个，在模拟出的场景中展现礼仪风采。不论抽到题目的难易与否，选手们运用自己的智慧和团结，向观众们展现了不同场景下的礼仪规范。

第四轮为个人展示环节。在这一轮中，12名选手两两组队抽选题目展示。

最后，本次比赛的特约嘉宾张丽老师向同学们介绍了许多礼仪知识，诸如穿着西装的规范、用餐礼仪、初次见面时的礼仪等，同时还对各支队伍、各个选手的长处与短板进行了点评——百花齐放，各有所长。

经过紧张的核算，本场比赛的获奖队伍与个人如下。

冠军队伍：潘潘有李队。

个人一等奖：李明政。

个人二等奖：刘涵潇、潘皓诚。

个人三等奖：段忠毅、易鹏、张浩男。

个人优胜奖：曹帆、任尚清、张亮、王世煜、崔云峰、张明辉。

决赛的圆满成功，少不了工作人员们幕后的默默付出，为32位工作人员"点赞"！

首届"嘉士有礼"礼仪风采大赛虽落下帷幕，但知节慎行的风尚必将在嘉士当中传扬。

在本届礼仪大赛中，有赛前准备的劳累，有错失冠军的遗憾，更有结识同伴的欢笑和收获知识的喜悦。是哭、是笑、是累、是喜，都将成为一段宝贵的经历。

嘉士有礼，士嘉等你。

首届"胜因院杯"宿舍风采大赛

2018年，为了打造温馨社区、加强宿舍文化建设，书院开展了"胜因院杯"宿舍文化节活动。经投票评选、答辩展示之后，共评选出以下获奖寝室。

"胜因院杯"捧杯寝室

中141：

宿舍四人齐上台　同心协力来展示

规章制度很完善　大家一起来学习

第一名

中147：

粉红猪小妹　我们爱你呦

北631：

演讲人口齿清楚，宿舍里团结互助，都是一群好男子

第二名

中625：

霸气有才的中625

中615：

生命不息、乐玩不止的中615

中137：

温馨欢快的中137

第三名

北622：

四个不一样的灵魂！

南507：

酷爱音乐的南507

中617：

电影游戏加运动　我们就是中617

中613：

宁静与优雅的完美结合

南628：

我们不一样！

这些优秀寝室向我们展示了丰富多彩、温馨和谐的寝室文化，希望同学们能向他们学习，建设好我们生活的"小天地"。

合影留念

第一届科创中心嘉年华

2021年6月6日，北航士嘉书院第一届科创中心嘉年华在沙河校区大学生活动中心百米跑廊举行。

本次嘉年华由士嘉书院举办，士嘉书院科创中心负责全程的所有策划、宣传与举办，面向全体士嘉书院的同学。

科创中心成员合影

嘉年华主要包括三项活动，旨在丰富大学课外生活，激发同学们对科技活动的兴趣。

在第一项"百发百中"活动中，嘉士们从四种飞机(手抛飞机、弹射飞机、带动力的橡皮筋固定翼飞机、带动力的橡皮筋双翼机)中挑选出自己心仪的飞机后，在规定的时间内完成对飞机模型的拼装。在拼装的过程中，始终有工作人员在旁答疑、指导，保障嘉士们的每一架飞机都能顺利"启航"。组装完后，嘉士们又进行了试飞和细致的调试，并用自己组装的飞机参与比赛。每一架飞机都承载着嘉士们翱翔天空的梦想。

在第二项"灯谱行动"活动中，剧情设定嘉士们需要帮助博士向散落在各地的干员们传递危机讯息。

在第三项"一飞冲天"活动中，航模队为同学们介绍了飞机和航模的相关知识，带领同学们完成了航模部分结构的制作。

嘉年华的故事虽然到此结束，但结束并不意味着终止，而是代表着新征程的开始。

"士嘉TV"栏目介绍

　　"士嘉TV"是书院公众号的系列文章,内容丰富广泛,贴近同学们的生活,语言轻松幽默而又不失文艺。

　　自2020年11月6日发布第一篇文章《匆匆的你,可听过这声音?》以来,"士嘉TV"获得了广大师生的一致好评。从找寻童年动画的集体共鸣,到共赏冬日初雪的静谧空灵;从迎接"嫦五"回家的深蓝情怀,到同祈端午安康的怀古幽思,"士嘉TV"总以细腻而朴实的视角捕捉嘉士们的所思所想、所爱所感,并扮演了耐心的聆听者、忠实的记录者与亲切的表达者等角色。

　　"士嘉TV"存留着嘉士们生活的印记——疫期返校、宿舍点滴、TD运动……即便是最平凡的日常,在这里都是值得珍视的回忆。"士嘉TV"也用大家喜闻乐见的方式传递着美与艺术,如赏雪、电影探讨、摄影师的视角看世界等。这些文章无疑以年轻的视角解读着抽象的美育。除此之外,"士嘉TV"也会在考期、端午、高考等时间段推出充满趣味的特别文章,让大家在会心一笑之余找到情感共鸣。

　　"士嘉TV"始终是表达你我情怀的窗口,更是每一位嘉士的发声者。聆听心声,记录心音,分享心境,"士嘉TV"将常伴嘉士。

一抹士嘉紫，几许爱嘉情——"我爱我嘉"系列活动

　　言及家，你可能会想到家人围坐一桌共进晚餐的其乐融融，想到父母通过电话传递的真切情谊，想到中秋佳节遥寄相思的一轮明月。而来到北航士嘉书院，就是来到了第二个家。这里有亲切导师的指导，学长学姐的关怀，同学朋友的友爱。温情自"嘉"来，岂能不爱"嘉"？

　　北航学院士嘉书院一直致力于为嘉士们传递温暖，增添乐趣，在课余生活中举办了一系列丰富多彩的"我爱我嘉"活动。

　　活动中，小嘉士们亲手制作了漂亮精致的浮游花，在动手实践中收获到满满的成就感；用精细的刻刀雕刻了专属橡皮印章，轻松掌握了"雕刻密码"；在"数分"考试之后前往草莓种植园，在劳动中感受酸甜"莓"烦恼的快乐。不仅如此，蕴藏国风底蕴的精美扇绘，传递世界咖啡文化的自制咖啡，都让同学们感受到了"嘉"的活力满满和多姿多彩。

活动现场留影

　　温暖相递，精彩永续。生活在北航士嘉书院的大家庭，精彩有趣的活动

总能给同学们带来花样百出的惊喜，让来自五湖四海的小嘉士们感受到家的温暖。每一个嘉士也心怀热爱，热情昂扬，用心传递温暖人心的力量，共同描绘士嘉的色彩。

翻开回忆的图册，回顾精彩的活动，每一位同学的笑容都发自肺腑，洋溢着青春气息。"我爱我嘉"绝非空话，每一位身处士嘉的学子都在回馈爱的力量，传递着温情的接力棒，与士嘉书院一起，奔赴更美好的明天。

嘉绩天下

士载豪情，笃志奋进行盛世；嘉蕴壮志，誓拔头筹勇争先。在这一章，你将看到士嘉学子不懈努力、奋发有为的身影和他们获得的成绩与荣耀。功不唐捐，星光不负，士嘉人永远在前行的道路上！

嘉绩天下之
士行盛世

　　士嘉学子意气风发，走遍祖国大江南北寻求自身价值。手握日月、臂揽繁星的辉煌，离不开脚踏实地、躬身力行的辛劳。冀以尘雾之微补益山海，荧烛末光增辉日月。在社会实践中，感受士嘉学子在伟大时代中的使命担当：科技创新引领时代，支教扶贫育暖航行，社会调研了解时事……

士嘉2018年校实践队答辩佳绩

北航2018年暑期社会实践优秀实践队评选结束，共评出一等奖队伍15支、二等奖队伍20支、三等奖队伍25支。我院战果颇丰，四支重点队共获得了2项二等奖和2项三等奖的好成绩。

二等奖：The Seekers实践队
走进民企，感受科技与创新

2018年，为响应国家的号召和探寻中国大学生创新创业的实际现状，由北航青年探索者组成的The Seekers实践队历时近一个月，走访了一些科技公司和部分高校创业组织，通过多种形式对不同阶段的大学生创新创业团体进行了较为深入的探访。通过这次实践活动，他们收获颇丰，对于"创客精神"有了更深入的了解。

二等奖：Dare to Dream实践队
探索基础教育新航向

北京航空航天大学Dare to Dream实践队（以下简称DTD实践队），于2017年11月开始筹备，2018年4月完成实践队招募，经过报名、线上面试等环节，最终共有来自上海交通大学、中国政法大学等13所高校的24名中国大学生和1名埃及大学生组成支教队伍。

DTD实践队于2018年7月15日至8月15日，在湖北省恩施土家族苗族自治州巴东县东瀼口阳光小学开展了为期30天的支教实践活动。他们为超过70名留守儿童累计讲授360课时，并结合当地实际，从兴趣激发、习惯培养、

暑期陪伴等各方面给孩子们带来全新感受。支教队员们也在历练中不断成长，开始反思当前农村留守儿童教育的现状与问题，积极探索解决的途径与方法。

三等奖：行者士嘉实践队

寻访足迹，走进为人

士嘉书院取名于我国著名流体力学家陆士嘉先生。今年暑期，行者嘉士实践队前往北京师范大学形象陈列馆、北京航空航天大学档案馆等地方，采访了陆士嘉先生的秘书朱自强先生，重新认识陆士嘉先生，感受士嘉精神，了解陆士嘉先生教书育人的独到之处。实践队成员们通过实践不仅树立起空天报国的志向，立下空天报国的决心，也让更多的人了解到尘封在历史中的陆士嘉先生的故事。

三等奖：山桂飘香实践队

为孩子的心路洒满阳光

山桂飘香实践队由来自四个书院的八名同学组成，于2018年8月12日在广西壮族自治区崇左市宁明县桐棉乡板固村开展为期七天的实践活动。实践以支教为主，扶贫为辅。在支教活动中，实践队开设了英语课、航概课、诗歌课、心理课和辅导课等课程。队员还利用课余时间参加了入户劝导、扶贫会议等活动。同时，实践事迹被刊登在当地报纸及政府工作网站中。通过此次实践，队员们既给贫困山区孩子们带来了快乐，也提升了自身的思想素质。

士嘉 2019 年校实践队答辩佳绩

北航2019年暑期社会实践优秀实践队评选结束，共评出一等奖队伍5支，二等奖队伍10支，三等奖队伍14支。其中我院实践队获得了2项三等奖。

三等奖：育暖航行实践队
走进扶贫，参与支教

自2016年以来，山西省吕梁市中阳县一直是北航的定点扶贫县，北航师生上下一心，为扶贫工作出谋划策。在中华人民共和国成立70周年之际，为了更好地了解北航的扶贫工作，7月13日，北京航空航天大学育暖航行实践队的13名队员来到山西省吕梁市中阳县暖泉镇暖泉小学开展为期两周的支教活动。

支教对象是暖泉小学的100余名小学生，共五个年级。支教队分成五组，每组针对不同年级备课，课程主要分为体育类、文学类、艺术类、基础类和科普类五大课程。

体育类课程主要包括自由活动课和篮球课；文学类课程主要包括观影课和古诗词课；艺术类课程主要包括美术课、折纸课、音乐课；基础类课程主要包括语文、数学和英语课；科普类课程涉及广泛，包括航空器、航天器的介绍，国旗、国徽的介绍，地球经纬线的介绍，人体构造的介绍，植物动物的介绍，宇宙的介绍，等等。

课程旨在拓宽孩子们的视野，增强他们对学习的兴趣，丰富他们平时的生活，挖掘他们的内在潜能，向孩子们传播正确的人生观和价值观，培养他们积极的人生态度。

三等奖：士嘉书院行业调研实践队
青年服务国家，深入各行各业

士嘉书院自建院以来，鼓励学生积极进入各行各业参观调研，提供"青年工程师面对面"、企业参观讲座等实践机会，反响热烈。

在这个暑假，士嘉书院行业调研实践队的15名成员深入通信、电子、航空行业和校友企业，参观调研，与校友、研究人员探讨交流。实践队的整体安排分为参观和调研两个部分。

每到一个地方，队员们都会参观工作区、实验室等，并与北航的校友或者研究人员进行行业生态等方面的交流。

每结束一个地方的调研，实践队会总结资料，并撰写三份行业调研报告、一份校友企业创业报告以及航空领域问题总结与思考。

通过这次行业调研，队员们从主要业务、关键技术、行业标准、人才需求等方面认识了几大行业的基本生态，发掘出了航空领域存在的一些问题，提出了自己的思考，并表示将在未来继续深入调研。

士嘉 2018 年暑假社会实践立项答辩

为了鼓励同学从书斋走向社会，深入了解社会现状，贡献青年力量，北京航空航天大学士嘉书院 2018 年暑假社会实践立项答辩暨指导交流会于 4 月 25 日至 26 日举行。

参与本次答辩的评委老师有辅导员冀赵杰、李姝昱、刘志威、冯天轩，以及材料科学与工程学院优秀实践个人代表赵文佳、黄茵露。

本次答辩活动共有 38 支队伍参与，涉及实践主题丰富多样，主要归类如下。

一是关注改革开放 40 年的成就和未来发展展望，成为很多实践队伍的探索考察方向，其中有的计划去到深圳、珠海，了解改革开放的辉煌历程；有的准备前往雄安新区等新开发区，了解新时代下改革开放的未来规划；还有的队伍决定深入内地城市，调研改革开放以来经济、社会、生态等多方面的发展与改变。

二是在 2020 年全面建成小康社会到来之际，深入农村调查农民状况、考察脱贫攻坚也成为同学们关注的方向，有的选择支教，希望丰富留守儿童生活，开阔视野；有的关注少数民族经济发展瓶颈，寻找改革方向；还有的队伍从小处切入，希望为电子商务在农村的推广贡献力量。

三是在北航浓厚的学术氛围和博大的航空精神的影响下，很多队伍选择走进航空航天单位，了解企业发展与革新，学习航空航天知识，传承航空航天精神。此外，有的同学们选择了包括生态保护、教育强国、回溯长征历史、思悟知青岁月、体验传承文化、探索创业时代在内的丰富实践主题。他们紧扣时代发展、关注社会问题、寻找服务方向，用青年人的热情与智慧，向社会发出北航声音，写下士嘉答卷。

书院师生赴八达岭林场开展义务植树活动

人间最美四月天，正是播绿好时节。2021年是我国开展全民义务植树40周年，为响应国家号召，牢固树立"绿水青山就是金山银山"的理念，培养人人爱绿、植绿、护绿的文明风尚，士嘉书院于2021年4月25日组织书院同学前往八达岭林场开展义务植树活动。

北京市八达岭林场成立于1958年，总面积2940公顷，属北京市四个市属义务植树尽责点之一，下设三堡、青龙桥、石峡三个分场。林场分布在八达岭长城周围，境内长城蜿蜒15公里，为首都的风沙治理和生态环境的保护起到了至关重要的作用。

书院师生于14:00到达林场，林场的工作人员向同学们简单介绍了义务植树活动的流程。随后，在工作人员的指导下，同学们开始积极地参与植树活动。工作人员讲解了植树的具体步骤、树坑最合适的大小、如何更省力地铲开草皮松土等知识。大家拿着铁锹，五或六人一组，分工协作，相互配合，挥锹挖坑，扶苗培土，合力栽下一株株树苗。

经过一番热火朝天的劳动后，66株树苗栽植完成，其中栽植数最多的小组种了11棵。连片的树苗错落有致，在风中挺立，焕发出勃勃生机。有的同学还为种下的树苗取了名字，并向工作人员询问树苗长成需要的时间，约定下次再来看自己种下的树。生机盎然的树苗和同学们开心充实的模样充分体现了本次活动的价值，同学们对"绿水青山就是金山银山"的认识和理解也更加深入。

嘉绩天下之
士嘉之星

　　士嘉书院自2017年成立以来，涌现出一大批优秀的嘉士，他们如闪耀的群星交相辉映，让原本就人才济济的士嘉书院更加璀璨夺目。

　　君可见，优秀嘉士全面发展，综合素质一流；君可闻，士嘉女排同心协力，勇夺桂冠；君可知，士嘉足球队迎强队而上，最终力挽狂澜。

　　士嘉奖章候选人在舞台上侃侃而谈，从容答辩，展示优秀的履历、成绩，交流在各种活动中获得的心得体会，向象征着士嘉书院最高荣誉的士嘉奖章发起最后的冲击。

　　心中有榜样，行动有力量。士嘉之星是一面镜子，更是一面旗帜。他们无疑是全体嘉士学习的榜样。让我们一睹他们的风采吧！

首届士嘉奖章答辩会举行

2018年12月14日晚，北航学院士嘉书院首届士嘉奖章答辩会在沙河校区国实四层多功能厅举行。士嘉书院执行院长马锐，书院辅导员和助理老师出席答辩会并担任评委。本次答辩会特别邀请了陆士嘉先生和张维先生的长子——张克澄先生来到现场并担任评委。

答辩会现场隆重热烈，座无虚席，各位候选人分别从品德素养、学习情况、创新能力、文体活动、志愿服务、社会工作和实践等全方位、多角度地展示了自己在士嘉书院里的收获与成长。

候选人的丰硕成果与精彩展示将现场气氛带向一个又一个高潮。12位评委通过对候选人材料及现场展示进行综合评定，采取现场打分形式，最终产生士嘉奖章获得者10人，士嘉奖章提名奖获得者6人。

士嘉奖章获得者

于 豪　王子腾　邓 毅

刘润潇　张真睿　陈平易

祝觋祺　郭 杰　梁 珏

游盈萱

士嘉奖章提名奖获得者

王文豪　朱远哲　张葆圣

郑嘉威　夏莹洁　慕怀毅

士嘉榜样

2018年12月，为了积极培育和大力宣传学生先进典型，集中展现书院大学生的精神风貌，充分发挥先进典型人物的示范引领作用，树立理想高远、学识一流、胸怀寰宇、致真唯实的新时代学生榜样，进一步弘扬和传承士嘉精神，士嘉书院决定每年举办"士嘉榜样"评选活动，表彰每学年书院在各方面涌现出的先进人物和集体。

经过自愿报名、大班推荐和评审委员会评审，现将士嘉榜样评选结果和获奖者介绍公布如下。

学海领航榜样：祝觊祺

自入学以来，我不断地调整自己的学习方式，归纳总结出适合自己的学习方法及学习经验，按时预习、及时复习，在学习的过程中不断感受知识的魅力，最终取得大一学年必修课平均分93.95，书院排名第5的好成绩。荣获2017—2018学年国家奖学金和校级学习优秀奖学金特等奖。

在专业分流中以学院第一名进入机械工程及自动化学院工业设计系的我对于工程图学课程有些许的优势，现担任2018—2019年工程图学(1)课程助教，士嘉书院"助消化课堂"工图讲师，进行作业批改、讲课和答疑辅导，帮助学弟学妹解决学习上的困难，并提供课程学习的建议和指导。

在教与学的过程中，我也体会到课程安排进度与知识体系的关系，我能更好地规划自己的学习，辅导下一级的同学们。我认为，学习的意义不仅仅在于自己获得知识，也在于宣传有效的学习方法，做知识的摆渡人。

创新进取榜样：游盈萱

我来自士嘉书院三大班，性格活泼开朗，热爱科技创新，积极参加各类科技和学科竞赛。参加过校级、国家级数学建模比赛和美国大学生数学建模比赛，数学竞赛，工程表达竞赛，物理学术竞赛。我曾获得2018年全国大学生数学建模竞赛中全国一等奖，2018年北京市大学生数学竞赛中北京市二等奖。目前我正在负责北航学院"智能乒乓球发球机"的大创项目，同时也在进行北航物理学术竞赛，并准备参加北京市物理竞赛。

高中时期我学习信息竞赛，编程能力较强。能够熟练使用C++、C和JAVA语言，并在计算机二级考试中获得C++良好和JAVA优秀的成绩，目前正在准备参加北航ACM队选拔。

在学习上，我的成绩排名保持在年级前15%，能够发挥科目优势，在士嘉书院"助消化课堂"中担任C语言导师，帮助同学解决学习问题。

实践求知榜样：王睿

在校期间我认真学习，热心参与学生工作，注重全面发展，力求成为学科交叉型创新人才。我积极参与社会实践活动并取得优异成绩，大一寒假，与其他学院组队到重庆进行环境保护类社会实践；大一暑假，以"探索留守儿童教育现状，发挥青年力量"为主题，带领Dare to Dream实践队获得暑期实践校二等奖、校重点实践队、士嘉书院实践一等奖、首都大中专学生暑期社会实践优秀团队多项荣誉，个人被评为"社会实践先进个人"。

在学生工作方面，我先后在士嘉书院生活部、士嘉书院体育部担任干事，担任177522小班宣传委员，为学生会及班集体作出突出贡献。现为北航校辩论队2017级队员，北航设计协会团支书。

自强自立榜样：安乐

自入学以来，我勤奋学习，刻苦钻研，积极向上，乐于助人。

在学习上，我刻苦学习，成绩优异，积极参与竞赛，获北航数学竞赛二等奖、北京市大学生数学竞赛二等奖。在学生工作上，我担任士嘉书院大班组委、士嘉书院科创中心干事，做事踏实认真，努力为同学们创造温馨的学习生活环境；担任大一梦拓导生，在生活、学习、学生工作方面帮助他们。在生活上，我积极向上，待人真诚，尊重师长，与同学关系良好。在思想上，严格要求自己，乐于助人，坚韧不拔，勇于面对困难，积极向党组织靠拢，参加了书院党校和校党校的学习，并获得书院党校优秀学员的荣誉，现已被接收为预备党员。在社会实践上，我积极参加寒暑假社会实践，加深对社会的了解。

新闻宣传榜样：于豪

本人新闻宣传经历经验丰富。大一我曾历任士嘉书院学生媒体中心副主任和主任，负责"北航士嘉书院"公众号的整体运营工作。围绕士嘉书院各项事务工作，树立士嘉书院品牌，打造士嘉书院品牌，曾主导策划多项士嘉书院主办大事(例如第二十三届校园歌手大赛)，并且参加首届校媒精英训练营，拓宽视野的同时我也获得了很多校内其他平台管理和运营经验，并负责2018级迎新所有线上宣传。大二我继续留任士嘉书院学生媒体中心主任，奉献士嘉。目前，士嘉书院公众号关注人数已由寥寥的几百人增加到几千用户，影响力持续扩大。本人也选择在更多平台强化自己的新闻宣传技能，目前担任"微言航语"执行主编和校党校宣传部干事。

文体优胜榜样：段晓玥

自进入大学以来，我广泛发展兴趣爱好，积极参加各类文体活动。2017年11月，参加"北航外语歌曲大赛"并被评为"十佳歌手"；2017年12月，在"北航语伴活动成果交流会"中，自编歌曲进行表演并带领小组获得第一名佳绩；2018年5月，参加"北航第二十三届校歌赛"并被评为"十佳歌手"。

作为士嘉书院学生会文艺部副部长，我积极关心书院文体事业发展，多次撰写书院"中秋迎新晚会""嘉士汇"等各类晚会的总策划方案；自编舞蹈节目《卡路里》，并在中秋晚会上带领书院学生会主席和部长团表演，获得广泛好评；校运会中，全程负责书院入场式的设计与广播体操的排练，分别助力书院获得一、二等奖的好成绩。

民族奋进榜样：张耀中

大一秋季学期我担任士嘉书院学习部"助消化课堂"讲师，负责C语言与程序设计的课程并录播视频，每周日晚进行线上直播，参与编制备考手册、答疑等工作。截至学期结束共发布讲题视频59个，线上直播8次，编写和修正题解两份，备考手册参与编撰贡献率20%。大二继续留在"助消化课堂"负责下届讲师团的培训和指导工作。

大二我积极报名梦拓，负责187517小班，积极参加迎新工作等一系列工作。

2018年暑假，我担任暑期实践队"航行——寻觅周总理实践队"的队长，带领九名队员先后在天津、淮安、南京进行了为期九天的实践，大力弘扬周恩来精神，传播社会正能量，产生了较为广泛的积极影响，获得士嘉书院暑期实践队二等奖。此外，我在暑假通过了北航机器人队的入队考核，成为北航机器人队下一届的八名队员之一。

2018年秋季学期起，我担任学业与发展支持中心朋辈导师，任期一年。

我先后积极报名参加北航建筑结构设计大赛、北航数学建模比赛、机器人robocking比赛、"驭远杯"机器人大赛、"启先杯"机器人比赛等。

我关心时事政治和国家国际动态，自觉维护民族团结，积极学习马克思主义科学理论；完成了书院党校和校党校的学习并结业，被确定为书院第一批发展对象。

学生工作榜样：李沛然

我担任士嘉书院分团委副书记兼任士嘉书院学生会副主席，在职期间策划组织过学习十九大精神系列活动和"学习党的十九大报告""习近平的七年知青岁月""共话青年成长"主题团课和五四青年节"新时代青年"系列活动等主题团日活动；策划组织了士嘉书院"遇见"迎新晚会与士嘉星光场晚会等晚会活动；参与过士嘉书院学业与发展支持中心、"助消化课堂"等的组织建设并筹办讲座若干次；参与推进士嘉书院导师制建设，参与组织北航第二十三届校歌赛"万有音力"；组建行者嘉士实践队，任沙河团工委学生干部，负责学生团体工作部；参与组织策划第二届、第三届阳光长跑；参与组织策划第三届青春训练营，担任2018级军训团文体外场组带队干部。

同心合力榜样：士嘉女排、士嘉足球队

士嘉女排于2017年建成，现役队员25人。去年"新生杯"士嘉女排有两支队伍参加，在只有一名学姐上场的劣势下一路过关斩将，以大局比分0负的战绩获得冠军。能取得这样的成绩与队员们的辛苦付出密不可分。在"新生杯"赛期，一周平均训练次数高达五到六次。训练时间难以协调，队员们便在早上六点半练球一个小时再去上课，没有一句怨言，所有人都全情投入。

士嘉足球队是士嘉书院爱好足球的学生们自发组织、参与的一支充满活力和斗志的足球队。有完善的训练内容，具备较高的足球素养，在各个书院足球队中好评如潮。

在2018年10月进行的"迎新杯"中，士嘉足球队刻苦训练，同舟共济，在比赛中出色发挥。没有比赛的日子里，全体成员参与训练，风雨无阻。在第一场小组赛中，士嘉大一虽赢得艰难，但大家依然团结，积极找出自己的问题；士嘉大二与上届冠军飞行学院鏖战，守住平局。接下来的比赛中，士嘉大一英勇夺冠，士嘉大二虽然出局，但有珍贵的情谊和经历。赛场上面对守锷大二，士嘉大一一度无法进球，然而球员们没有任何气馁，最后由边锋黄喆绝

杀，挺进决赛。"最后那一个头球我高兴得要疯了"，黄喆赛后说，"那是献给全队的进球。"

士嘉大二在出局后，也没有自暴自弃，反而积极为大一的学弟们出谋划策。在每一场士嘉大一的比赛中，都能找到大二队员们的身影。他们在场边呐喊助威，提醒站位。整个士嘉足球队是一个紧密相连、不可分割的集体。

士嘉足球队最终的好成绩足以证明：同心协力是一个集体成功的必要条件。这也是足球运动赋予大学生的积极意义。在足球训练、比赛中可以提升技术，增进感情，并强化合作意识，这些都会成为他们融入社会的基石。

士嘉2017级学子荣获"沈元奖章提名奖"

2020年12月10日下午，2019—2020学年北京航空航天大学本科生最高荣誉——"沈元奖章"终审答辩暨优秀学生事迹展示在晨兴音乐厅隆重举行。本次答辩在全校本科生范围内评选出"沈元奖章获得者"10人，"沈元奖章提名奖"10人。士嘉书院2017级本科生邓毅同学荣获"沈元奖章提名奖"。

邓毅是航空科学与工程学院2017级本科生。三年来，他的成绩在书院和学院名列前茅，26门课程中95分及以上（包括两学期工科大学物理等）四门课程满分。为拓展知识面，他选修了经济学二学位，超过一半课程90分以上。三年综合测评成绩99.94分，必修课加权平均分、GPA和综合测评均位列大班第一（1/283）；连续三年获国家奖学金、学习优秀奖学金特等奖，连续三年被评为校优秀生和校三好学生，获评2018—2019年度北京市三好学生。他积极参加学科竞赛和科技竞赛，获全国大学生物理竞赛一等奖、全国大学生数学竞赛二等奖和全国周培源大学生力学竞赛二等奖、第七届全国大学生工程训练综合能力竞赛飞行器仿真赛项第一轮全国选拔赛军机组第一名和"冯如杯"学术科技作品竞赛三等奖等竞赛奖项。

邓毅展示了北航学生的优秀一面：求是至善，学识一流；立志笃行，逐梦远航；助人弘毅，奉献传承；勇于创新，科技报国。在采访时被问到最值得纪念的一件事时，他提到和其他同学们历经大三一整年完成的白鹇协同作战无人机设计，使他巩固了专业知识，学会学以致用，同时也结识了很多优秀的伙伴。同时他还给了新生学习建议：功夫在平时、应试有技巧、劳逸要结合。

希望邓毅身上的闪光点也能为嘉士们未来的道路带来些许光亮。空天报国，道阻且长。让我们共同奋斗吧！

士嘉197516班被评为校级先进班集体

　　197516班是一个朝气蓬勃、团结友爱、能力全面、积极向上的29人大家庭。在班主任王君臣老师的带领下，以"弘毅笃志，思学致新，固本浚源，同心载舟"为班训，在学习、文体和社会实践等各方面都取得了优秀的成绩，展现出极强的团结凝聚力和青春新风貌。2021年1月，该班荣获2020年度北京航空航天大学"学海领航"先进班集体。

　　学风建设方面，他们着眼于发掘优秀榜样在学习生活中的带头作用，以朋辈辅导为抓手推动班级优良学风建设，开展学习经验交流活动20余次。经过大一一年的学习，加权平均分达到83.98分，位列大班第一、书院第二，最终以士嘉书院第一名的答辩成绩荣获"优良学风班"称号。

　　科创竞赛方面，他们深知将知识和实践相结合的重要性。在第30届"冯如杯"中参与率达100%。伍梓楠、伊俊翼等数名同学在此次竞赛中获得优异名次。付一凡同学在"启源杯"数学建模竞赛中作为核心成员完成"'通达'大学生发展辅助与评估平台"项目，斩获大赛A奖，并获得北航创业支持10万余元。学科竞赛中也不乏197516班同学的身影。在各种竞赛中他们共有七人次获奖，其中刘朝同学则是一举拿下校物理竞赛和校工程表达竞赛双一等奖。

　　学生工作方面，197516班的同学积极投身于学生工作，在团委学生会、学业与发展支持中心、科创中心等各大组织都有他们的身影。

　　思想建设方面，他们积极开展团日活动，共同观看视频学习党的优良作风，参观红色博物馆铭记历史，参观艺术展馆增强凝聚力，开展自习活动，促进班内同学共同进步。

　　志愿活动方面，他们积极报名参与实践活动，组成了多支实践队伍。同

学们积极投身社会实践活动,在社会实践中不断提升各方面的能力的同时,帮助他人,增进对当今社会的了解和关注。

197516全班同学秉承"有目标、有计划、有督促、互帮助、共进步"的班级公约,不忘初心,牢记使命,奋勇前行,怀揣相同的梦想与信念,以默契和汗水共度一年精彩时光,并将延续开拓进取、团结互助,在未来续写辉煌。

嘉绩天下之
士者竞成

　　在大学期间，学校为同学们准备了各种各样的竞赛。在竞赛中，同学们不仅可以丰富知识、锻炼思维，还可以充分地展现自我并进行自我认知。在北航，就有着以"冯如杯"为代表的多项竞赛，北航学子在竞赛的舞台上展现着魅力，士嘉学子也不例外，他们积极参加竞赛，展现士嘉精神。

2019年全国大学生英语竞赛士嘉佳绩

  2019年5月12日,一年一度的全国大学生英语竞赛北京赛区决赛在北京师范大学落下帷幕。本次决赛吸引了来自清华大学、中国人民大学、北京师范大学、北京外国语大学等63所高校的261名本科生参加。我校共10名学生参加了决赛。经过激烈角逐,我校有6人获得北京赛区决赛特等奖,4人获得一等奖,在所有参赛高校中获得特等奖人数最多。其中士嘉书院的刘卓超同学还获得本次决赛总分并列第一名。

  在士嘉书院获奖学生总人数12人中,特等奖1人,一等奖1人,二等奖3人,三等奖7人。

  全国大学生英语竞赛由教育部高等学校大学外语教学指导委员会和高等学校大学外语教学研究会联合举办,是全国唯一的大学生英语综合能力竞赛活动。我校外国语学院每年承担该项赛事初赛的组织和选拔工作。我院在本次决赛中取得的优异成绩得益于教务处、外国语学院等各级领导的大力支持以及外国语学院大学英语教学部竞赛组织及辅导老师们的积极努力和辛苦付出。

第 35 届北京市物理竞赛士嘉佳绩

2018年12月，在第35届全国部分地区大学生物理竞赛中，士嘉书院获得一等奖11名、二等奖13名、三等奖13名的骄人成绩，其中李文博同学以北京市第一的成绩荣获特等奖。

获奖者名单如下。

特等奖

李文博

一等奖

许盛峰　张真睿　张文浩　江　妍　沁闫琦　尹一凡
邓　毅　李瑞丰　杜晨鸿　沈　昊　郑嘉威

二等奖

李孝丰　杜博皓　邵星雨　王睿韬　张益成
夏莹洁　毛文凯　刘博涵　张思宇　刘志明
黎可为　熊维逸　汪菊南

三等奖

汪宇航　田星雨　郭　弢　刘宇杰　牛睿捷
张超威　马煜文　高王博　刘润潇　王健文
慕怀毅　江星宇　蒋耀文

第四届大学生工程设计表达竞赛士嘉佳绩

北京市大学生工程设计表达竞赛是由北京市教委主办、北京航空航天大学承办，并得到北京市科学技术协会和北京高等教育学会支持的大学生竞赛。竞赛分二维和三维两个项目，含徒手绘图表达、二维计算机绘图表达以及三维数字建模表达等多种考核内容。2019年1月，来自北京科技大学、北京理工大学、北京航空航天大学、中国农业大学等近30所本科高校和高职院校，共计近千名选手以及100多名指导教师参加了竞赛活动。

在王玉慧、于勇、汤志东、耿春明老师的指导下，第四届北京市大学生工程设计表达竞赛，士嘉学子取得了优异的成绩。

士嘉获第三十届"冯如杯"竞赛"优胜杯"

2020年8月，士嘉学子发挥所学知识，在北京航空航天大学第三十届"冯如杯"竞赛中斩获佳绩。获奖项目总计达31项，其中特等奖2项，一等奖3项，二等奖11项，三等奖15项。他们的优异战绩书写了新一代士嘉人"求是至善，宁静致远"的学术追求和"空天报国，敢为人先"的创新能力。

多位嘉士获得个人荣誉的这股喜悦之感尚未褪去，更有芝麻开花般的喜报传来——在全校综合评比中，士嘉书院荣获北航第三十届"冯如杯"竞赛"优胜杯"集体荣誉。

第四届北航物理学术竞赛士嘉佳绩

2019年5月，第四届北航物理学术竞赛落下帷幕，士嘉学子在这次比赛中取得优异成绩。士嘉书院获奖学生总人数18人，其中特等奖1人，一等奖5人，二等奖2人，三等奖10人，具体名单如下。

序号	姓名	学号	获奖级别
1	潘 越	18375212	特等奖
2	王逸菲	17375302	一等奖
3	黎可为	17375318	一等奖
4	申若水	17375067	一等奖
5	尹一凡	17375078	一等奖
6	郭 弢	17375243	一等奖
7	胡 洪	17375501	二等奖
8	徐 燕	17375182	二等奖
9	肖 潇	18375355	三等奖
10	费禹涵	18375478	三等奖
11	戴文博	18375472	三等奖
12	张博远	18375365	三等奖
13	张真睿	17375464	三等奖
14	李成栋	17375479	三等奖
15	游盈萱	17375414	三等奖
16	余锦潼	18375488	三等奖
17	焦昱莹	18375466	三等奖
18	张人子	18375432	三等奖

嘉绩天下之
嘉者为师，携士前行

"师者，所以传道授业解惑也。"一次精心的选择，一次坚定的抉择，是你与未来携手前行、共克难题的导师的相遇；一句亲切的问候，一场激烈的讨论，是你与和蔼可亲、学问精湛的导师的近距离接触；一次认真的座谈会，一场无关学术的学界讨论，是导师对学员们的关心照顾与未来规划。这里是家，是无数导师共同建构的家；嘉者为师，导师一直在为学员授业解惑。这一段嘉士路，导师始终一路相伴。

2017年士嘉导师教育成立

什么是导师教育

导师教育是大学教育的重要组成部分，是帮助学生适应大学学习、感受大学精神、树立远大志向、形成高尚品格的重要环节。加强北航学院的导师教育，有助于营造全员、全过程、全方位的育人体系，为培养"理想高远、学识一流、胸怀寰宇、致真唯实"的新北航人打下坚实基础。

导师与班主任、辅导员是不同的。他们相辅相成，共同构成北航学院的人才培养体系。辅导员面向的是全体书院学生，侧重于学生群体的党团建设、社区建设、教育活动开展、危机处理、奖助评优等；班主任面向小班，侧重于班集体建设与学风建设，对学生进行生活上的关心与学习上的帮助；而我们的导师则是面向自己负责的最多7名同学，侧重于学生的思想引领、学术学业指导、发展辅导、生涯职业规划。

导师介绍

经过各专业学院的推荐报名和北航学院的选聘，最后，来自各专业学院的83位导师加入了士嘉书院第一届导师团。

他们中有的主持或参与了数个国家重大专项，有的主持数个自然基金、民用基金乃至军工基金，有的获得了十余项国家发明专利，有的获得数个国家科技进步等奖项。他们全都在国家、国际著名期刊上有数十篇SCI、EI论文，超过71%拥有副教授以上职称，数位"卓越百人计划"成员，是年青一代北航精英教授中的骨干和领导人才。

士嘉书院召开本科生导师座谈会

2018年1月25日上午，士嘉书院本科生导师工作座谈会在学院路校区晨兴剧场召开，士嘉书院院长姚仰平、学业总导师邓元、本科生导师代表、班主任代表、辅导员以及学生代表出席本次座谈会，会议由士嘉书院执行院长马锐主持。本次座谈会以交流导学活动经验、探讨书院导师制工作开展、完善导学活动大纲为主要内容。

院长姚仰平首先致辞，他高度肯定了书院2017年的各项工作，对全体班主任和导师表示感谢，同时对书院导师制提出了具体期望，希望导师们发挥自身优势助力书院建设。

主题汇报环节中，执行院长马锐全面汇报了士嘉书院2017年的各项工作，并介绍了2018年书院工作要点和建设规划，为书院导师开展导学工作提供了重要参考。学业与发展支持中心主任邵英华就本科生导师制的调研与思考进行了汇报。他结合国内外本科生导师工作的历史与北航近年来导师制的工作实践，从导师制内涵、发展与实践经验两方面汇报了对本科生导师制的思考。学业助理谭晓颂老师对2017年书院导师制工作开展情况进行了汇报，并以"分阶段、划重点、有规划、出结果"为关键词，详细解读了《士嘉书院本科生导师制导学活动大纲》。

经验交流环节中，本科生导师代表胡姝玲在发言中分享了导学活动中的经验，尤其强调了学生自我认知和全面发展在导学活动中的重要地位。学生代表赵钰杰分享了在导学活动中的收获和感悟，以及对导学活动的意见，希望导学活动进一步聚焦学习方法的引导，充分挖掘学生兴趣，激发学习动力。

自由讨论环节中，与会本科生导师积极分享导学活动中的经验，反馈存在的问题，交流对导学大纲的看法，提出下一阶段对导师制工作的意见和建

议。本科生导师王秋生在发言中指出,书院建设和导师制建设应该遵循的《华盛顿协议》,要以学生为中心,以产出为导向,持续改进,不仅关注学生的现在,还要关注学生的过去和未来,全面了解学生,帮助学生树立正确的自我认识,对存在的问题持续改进。本科生导师吴帅在讨论中指出,应以"冯如杯"为切入点,培养学生的基础科研能力。本科生导师赵龙在谈话中指出,学生的差异性较大,大一新生转型问题非常重要,需要对大一新生提前培养自主学习的观念和思想,并且强调现阶段学生应更加注重基础知识的积累,对于科研实践进行感性认识。本科生导师任军学在交流中谈到,书院在学生自我认知方面的活动比较欠缺,导师缺乏与低年级学生交流的经验,可以对导师进行相关方面的培训,提升导学活动的专业化水平。本科生导师石多奇在交流中指出,学生是一个丰富多彩、背景不同、想法各异的鲜活群体,如何持续保持学生多样活力,需要导师具备一定的教育心理学的方面的知识,理性引导。因此下一阶段应对导师进行相关知识的培训,分享相关专业文章供导师学习参考。本科生导师杨照华在讨论中谈到,导师制作为新生的事物,需要进一步明确目标,可以探索按照专业适当调整导学关系,便于导师对学生进行相关专业指导。本科生导师彭朝琴在交流中提到,学生对科研实践非常感兴趣,但创新性不够,需要导师提供引导,导学大纲中提到的"冯如杯"等科技竞赛,部分导师可能缺乏相关经验,希望有更多的导师可以分享体会。本科生导师李淑宇分享了在导学活动中遇到的困惑,她谈到不同的学生对导师的需求不同,应该逐步适应学生的多样化态势。本科生导师周钢则提出导师要在导学活动中引导学生树立回馈社会、服务大众的理念和情怀。

学业总导师邓元教授做了总结讲话,他指出导学活动要有模式,但无定式,最适合的才是最好的,建议全体导师在导学大纲的框架内,充分发挥导师自身的特色,开展形式多样、丰富多彩的导学活动,为创建士嘉书院导学学术科研共同体贡献力量。

嘉绩天下之
士嘉名之由，
士嘉魂之起

您是温婉秀珍，您是铿锵士嘉；您是不卑不亢、打破偏见的留学生；您是修身立德、淡泊名利的奉献者；您是志存高远、胸怀祖国的航空事业开拓者；您是严谨治学、丹心育人的流体力学奠基人。羡彼之良质兮，冰清玉润；美彼之态度兮，凤骞龙翔。士嘉之名因您而起，士嘉之魂因您而生。您是陆士嘉，我们是士嘉人。识您生平，学习先生崇高品格；诵您故事，感受先生宏伟抱负；送您祝福，纪念先生伟大功绩；寻您面庞，先生是士嘉最可爱的人。

陆士嘉先生故事朗诵会

陆士嘉先生是我国流体力学的奠基人之一，也是北航建校元老之一。她志存高远、胸怀祖国、严谨治学、丹心育人，一生修身立德、淡泊名利，全心全意为人民服务，为中国航空事业的发展作出了巨大贡献。为铭记她的故事以及故事背后的北航大爱精神，2017年士嘉书院展开了陆士嘉先生故事朗诵会。

少年智则国智，少年强则国强。士嘉三营一连范懿锋、郁华夫两位同学朗诵了陆士嘉先生少年时代的故事，让我们了解到陆士嘉先生梦想形成的过程。

青年时代是耕耘、灌溉、悉心呵护梦想的时节。士嘉三营二连林星雨、高璟桐两位同学为我们呈现了陆士嘉先生的青年故事。我们看到士嘉先生向着梦想一步步迈进。

孔夫子云："三十而立，四十而不惑。"中年，应该是少了些激情、多了些稳重的时期；中年是人生中辉煌的时刻，成就丰硕的时刻。士嘉三营三连邓毅、李成栋两位同学讲述了陆士嘉先生令人起敬的中年时期的故事——淡泊名利、无私奉献。

年轻人是春天的美，老年人则代表着秋天的成熟和坦率。士嘉三营四连牛睿捷、汪欣然的朗诵带同学们感受陆士嘉先生的晚年风貌，领略她珍贵、璀璨的美。

朗诵结束后，士嘉书院执行院长马锐对本次故事会总结发言。他说，陆士嘉先生是伟大的，她将自己的一生奉献给了祖国，奉献给了航天航空事业和北航的教育事业。陆士嘉先生被称为"北航的大师"，可见陆士嘉先生的造诣之高。随后，马院长号召同学们向陆士嘉先生学习，将陆士嘉精神运用在生活、学习中，更要做陆士嘉精神的传播者，将陆士嘉精神传扬给身边的人，勉励身边的人。最后，马院长宣布"陆士嘉宣讲团"成立，并任命此次故事会的8名朗诵者为宣讲团的第一批成员。

今晚故事会的结束并不代表着我辈对士嘉精神感悟的结束，恰恰相反，这只是一个开始。这个开始也许比较青涩，但是这颗种子已经种下，已经发芽。相信春风起时，士嘉精神将怒放北航！

纪念陆士嘉先生 109 年诞辰

愿皆成士，能嘉其志。

嘉人所植，北航所立；嘉人所润，吾辈所学。

是岁仙游，英气萦百代；斯年重逢，敬意弥万年。

怀念，在 109 周年诞辰；重逢，在 2020 年 3 月 18 日。

遥记那年，您芳龄十七。一纸消息，一件惨案，一队烈女，一个士字，决意报国，痛心疾首："我要比士更厉害。"

爱情，亲情，怎比家国深情；决心，诚心，何堪赤子忠心！

远涉重洋，问道大师，不忘钢笔上镌刻的"勿忘祖国"。

三顾师门，真诚流露，您成为教授的关门弟子。

然世事云谲波诡。学习，不能尽前人之学；工作，不能尽平生之才。这时候，顶住了一切压力，您没有忘记祖国，归来是心之所向。

于是，有了新中国第一所航空高等院校。

于是，有了中国第一个空气动力学专业。

于是，有了一位克己奉公的优秀共产党员。

于是，有了一所士嘉书院。

于是，有了您和我的缘分。

一生向嘉，一生想嘉，一声士嘉，一生士嘉。

继往圣绝学，承先生精神。

"求是至善，宁静致远"是我们的信条。

"尚德务实，求真拓新"是我们的理念。

三届学子，逐浪潮头；无限后才，胜过前人。

谨选红蓝之紫，昭示报国之赤诚，逐梦空天之深沉。

另有大讲堂、训练营、党团校、工作坊、星光场、共同体和研究院等各机构发扬士嘉精神，服务广大师生。

前人植树，后人荫恩；春风化雨，润物无声。

陆士嘉先生画像

"我深知科学研究往往是需要几代人的努力，科学工作者的职责就是要探索。我总希望我国有所突破，并不是说我搞什么研究一定要突破，我愿意成为探索的一个小卒，一个铺路石子，为后面的人做点探索工作。"您如是说。

在您精神的指引下，一届届嘉士立德学识。

今天是您的诞辰，请允许我们送上最真挚的敬意。

怀着对陆士嘉先生的无限追思，嘉士们用自己的形式表达了对士嘉先生的敬意。

画

"你见过我，浊世中傲立的花朵。"

我们隔着时代，隔着历史的厚重、世事的旋涡。可您知道，我会来继承您的精神、您的衣钵。

我见过您，浊世中傲立的花朵。我执笔画下您的模样，望着那太阳升起的地方。

王柄渊 / 绘

田雨 / 绘

陈梓馨 / 绘

话

"话里情丝为你说。"

刹那写风华,您眸光里的智慧,穿越时光的阻隔,打在我的心上。

我心底里的话儿,再压抑不住。先生,我有话对您说。

芽	士亦嘉
芳华	是家
是一佳	她
以梦为马	——高胜寒
青丝映彩霞	
从哥廷根出发	乱世濯青涟
东洋铁蹄践中华	丹心求学远赴德
普朗特破格收女甲	投身建设毅回国
流体力学成大方之家	人生罹难心未改
赤胆忠心不忘华夏	故去仍有清名远
破除万难救国家	——肖泽宇
建校功劳甚大	
对书理银发	知君虽不长,识君似已久
相遇士嘉	未能与君同世,有幸听君嘉言

君言

吾愿为一小卒

为后人之科学探索铺路

君之言

拂却尘杂焦躁于吾心

亦解余困惑，明余心智

余感激先生教诲

入北航，便愿为一小小卒

追随先生，探索探索探索！

——刘佳瑶

您是侠客，虽不曾飞檐走壁，却有四两拨千斤的笔下功夫；虽不曾叱咤风云，却有空气动力学里响当当的名号；虽不曾杀富济贫，却有一心报国的满腔热血。

——孟士雯

陆士嘉先生，您在那个社会平等还尚未实现、封建观念仍待破除的岁月里学得一身知识，多么先进积极；面对本不想收徒的普朗特教授，您不卑不亢，提出用考试评判，最终证明了自己，多么有魄力与自信；祖国需要之时，您毫不犹豫从德国赶回，这赤子之心有多么珍贵！我们每一个北航学子，都有太多需

要向您学习的地方。您放心，作为士嘉书院的学子，我们必将继承您的志向，为祖国的事业而奋斗！

——王博洋

再浓重的雾也挡不住您望向星辰的灼灼目光；再陡峭的山也挡不住您毅然回国的赤诚之心。嘉士学子定会紧紧追随士嘉先生的步伐，为空天报国的目标而奋斗。

——罗　然

巾帼丈夫志在蓝天留学不忘家国事；航空英雄忠于华夏报国可谓精神嘉。

陆士嘉先生一生都在为中国的航空航天事业作贡献，一生只求实干，不慕功名，实乃当下我航空航天人之楷模！

——刘慎诚

您是普朗特唯一关门女弟子；您和先生张维组成那明亮的双子星；您回国为航空航天事业奠定基础。纵使日月跳丸，光阴脱兔，陆士嘉先生永远活在我们心中。

——王欣雨

生于变局中的中国

学于乱世中的欧洲

研流体力学之道不懈

矢空天报国之志不渝

创空气动力专业之先河

画北京航空学院之蓝图

士当凌云志，嘉怀济世才

彼有先生远道求学不拘于时

今有吾辈志在蓝天敢为人先

——汪　易

来到北航后，在我的耳边一直萦绕着"士嘉精神"这四个字；短短半年，"陆士嘉"这三个字便在我的心里扎下了根。我想，在往后的岁月里，这三个字也依然将陪伴我走过风风雨雨，支撑着我等来彩虹。

——李从昱

嘉人所植，北航所立；

嘉人所润，吾辈所学。

3月18日，为陆士嘉先生109周年诞辰。看往昔，士嘉先生，为求学而三次拜访普朗特教授，为救国而毅然投身祖国航空事业，坚定不移。今追忆，士嘉老师，为育人而身患病症仍坚持讲课，为祖国未

来而助力创建北航，诲人不倦。您，是我们永远的"嘉人"，我们永远的老师。

——付张录

比翼双子，同赴一国。教书育人，投身建设。师者遗风，华夏梁栋。先生之风，山高水长。

——吴卓然

秀珍温婉，士嘉铿锵

您熔炼了自己的一生

铸成了飞机的翅膀

不畏偏见，不畏挫折

在物理的花园里

您是唯一一朵玫瑰绽放

不畏硝烟，不畏炮火

在百废待兴的国土上

您是学术界坚挺的脊梁

您拥抱着纯净的爱情

同时也把爱献给了天空苍茫

您是三个孩子的母亲

同时也孕育了当今的北航

每一个士嘉的学子

都闪耀着您骄傲的荣光

没有过分的喧闹

生日的赞歌

是飞机划破空气的啸响

在您耳畔轻诉未来的期许

告诉您苍穹也是我的方向

——白 月

无双国士

伏案四纪亮薪火万古流芳

同学嘉华

起舞三更续风骨良辰不负

——吴 畅

生为巾帼自当不让须眉，博学多才却又淡泊名利，您用女性柔弱的双手，点燃了北航腾飞的引擎。生日快乐，士嘉先生！

——任子儒

先生士嘉留青史，后生嘉士继遗风。

——曹新顺

一心一意为国家，先生致力流体学。求学路艰辛，不曾有怨言。不顾名与利，严谨把学治。胸怀天下事，丹心传嘉士。

——胡宇轩

士之读书治学，嘉其心智脱世俗之桎梏，唯以空天求报国。

——朱韬杰

求是至善，宁静致远。空天报国，以先生为楷模，努力克服障碍，走向学术更高处，立志同中华儿女一起为祖国繁荣昌盛作贡献。

——王薪杰

永记先生归桑梓，

怀志与知欲报国。

士嘉精神识于心，

嘉士此心向中华。

——杨璐瑜

过一世，影响待追，嘉树已成，启念万千。

——秦婷婷

我愿翱翔游星际，

与梦同航空天行。

士有鸿鹄报国志，

嘉言懿行共世铭。

——徐亿晗

您若流星，从远方归来，燃烧

自己，点亮流体力学的星空。

——张明明

在陆士嘉先生的时代，选择理科的女性并不多。我很佩服她的自我定位，她知道自己想成为什么样的人，成为这样的人需要付出多少努力，行以践之。另外让我佩服的还有她对教育所作的贡献，对院士名誉的公正平静的态度。值得我们每位学子学习。

——赵　明

一代人有一代人的使命。战火纷飞的过去，陆士嘉先生勇于立下理科报国、航空报国的鸿鹄之志，以自己的才华奠定大国重器之基；砥砺奋进的当下，我们亦当传承空天报国的志向，以百倍的努力克服疫情特殊时期的种种困难，向着"德才兼备，知行合一"的目标前进。

——娄一凡

航空报国，敢为人先，严谨治学，北航学子之榜样。求是至善，宁静致远。胸怀祖国，士嘉学子之楷模。先生之风，山高水长。

——高竞飞

她是全体北航人敬仰的领航者，是全体士嘉人亲爱的大家长。羡彼之良质兮，冰清玉润；美彼之态度兮，安心恬荡。求是至善，宁静致远。谨以先生为楷模，心向嘉士，砥砺前行。

——邢艺花

什么是永垂不朽？就是永远被人们怀念，被人们敬仰。什么样的人能够做到这一点？就是在生命的每一天，给他人、给社会、给国家留下有价值的东西。陆士嘉先生做到了，所以她依然为人们记起，依然为人们敬仰。

她是我国空气动力学专业的主要奠基者，她创建了中国第一个流体力学实验室——北航陆士嘉实验室。陆士嘉先生为我国航空事业作出了卓越贡献，值得我们每一个北航人去学习，去敬仰。学她知行合一，献身我国航空事业；学她德才兼备，成为一代大师。高山仰止，景行行止。陆士嘉精神将永存每一个士嘉人的心中。

——杨晓博

兵荒马乱中，您做出选择——远渡重洋。如神鹰展开了翅膀，烈阳不惧，飓风不挡。寄情于笔，赠予丈夫，也是自己最真实的宣告。终于学成归来，投身祖国空天。用宝贵的知识，推进飞机研发。育成莘莘学子，积年累月，于祖国蔚蓝天空之下，化作盘旋的钢铁之翼。希望我们能成为您最大的骄傲。

——杨子坪

那是触目惊心的伤痛
落入您的眼中
您的心中播撒了航空的种子
那是拒之门外的歧视
虽有三次的拒绝
您的才华与坚持撬开了那扇大门
那是战争中的立场冲突
学术上的不断刁难
您的绝妙头脑解析出"神的理论"
后来您回来了
带着满腔的热血与才华
回到了您心心念念的故土
为祖国育英才
开创先河，桃李天下
今天，我们来看您了
我们想对您说——
愿为嘉士，仰望星空

传承星火，点亮星空

——易　鹏

陆士嘉先生的高风亮节深深地影响着我们这些"嘉人"，他是我们的榜样，是我们前进的方向标。志存高远、胸怀祖国是陆士嘉先生的特点，无论是学校的创建还是中国航空事业的发展都离不开先生的贡献。陆士嘉先生一生修身立德、淡泊名利，全心全意为人民服务，为建设中国特色社会主义事业奋斗终身，践行了庄严的入党誓言。或许我现在还不够强大，还不够用自己的力量去改变什么，但要相信自己，就像陆士嘉先生在普朗特教授面前的自荐一样，相信自己，才能创造辉煌。我们应该向陆士嘉先生学习，为国立志，为国奋斗，拼尽全力，筑造祖国的万里长城。

——周　鹏

羡彼之良质兮，冰清玉润
美彼之态度兮，凤翥龙翔
她是张维先生心中至宝
也是中国科研界的明珠
她的一生像是江河
在波澜壮阔中激荡回旋

又像是溪流

在层岩峭谷中执着向前

人生的精华凝萃在光影的背后

带给我们无尽的遐想与思索

这是属于陆士嘉先生的故事

也属于每一个心向嘉士的北航人

——招伟亮

记得自小颠沛流离坎坷没落家境

犹念北师大附小教室里琅琅书声

鼓舞士气浦口远赴重洋科学报国

最好的嘉奖是我国女学生被认可

航空学院诞生有不可磨灭的功劳

高风亮节星辰般伟大被后世追忆

您说应让年轻一辈多获院士席位

翻译导师的著作百页只居第二位

诸如此类高尚行为零零散散众多

逝后您的风尚我们永久缅怀敬仰

今天是您诞辰一百零九年纪念日

云山苍苍，江水泱泱

先生之风，山高水长

——李一冉

二零二零年三月十五日

给陆士嘉先生

空山无人，流水花开
人迹罕至的小道上你走着
朝来夕往，筚路蓝缕
阵阵晚钟响彻群岚
你艰苦跋涉以启山林，身后芳草萋萋

我更愿意将你视作某个普通女子
忘掉你身为母亲或女儿的身份
忘掉你日常的妆容与服饰
忘掉你的爱美之心与流泪长情
却忘不掉你历久弥新的痛苦与抗争
忘不掉你的火与雪，所有幸福的事业
忘不掉你燃尽自己后，那
柔和的余烬，如今仍温暖着学子心间

我终是不能只将你视作一个普通女子
只能在这笙歌寂寂的暮春，写给你
一首凝视与赞美的小诗，待到
三千繁华，化一捧黄沙
愿其永葆你精神

陈骁 / 作

嘉士之约

我与士嘉先生有个约定
纵然先生已去
高山仰止，景行行止
先生一生严谨
丹心商人，胸怀祖国，奋斗终生
修身立德，淡名泊利，高风亮节
而今嘉士相继
投效不倦，精益求精
吾辈力求上进
汲取知识，当攀学术高峰
为人处世，追求一流品德
我们约定
献己之力，毕生为国！

张哲宁 / 作

大国脊梁不朽，
嘉士精神永存。

孙梓涵 / 作

致士嘉先生——
求是至善献航空，宁静致远育桃李。
祝您生日快乐！

267

陆士嘉网上纪念馆上线

2018年8月29日，是陆士嘉先生逝世纪念日。

陆士嘉先生是中国空气动力学的先驱，是北航的大师，更是中国航空事业的大师。

为了弘扬士嘉精神，深切缅怀陆先生，展现陆先生卓越的学术造诣和伟大的家国情怀，感受陆先生的大爱与无私，北航士嘉书院建设的陆士嘉网上纪念馆今日正式上线。

让我们一起为陆先生献一束花，点一盏灯，共同纪念我们心中的陆士嘉先生。

陆士嘉网上纪念馆网址：http://lushijia.buaa.edu.cn

编后记

在本书编写的过程中，相关人员投入了很多心血。时间跨度从建院初期到现在，整理了大量的公众号推送和新闻稿件，精选文章，进行了规范、统一的修改，审校多遍。同时，为了提高本书的书籍质量，增加读者的阅读兴趣，我们搜集了诸多公众号原图，并仔细甄选，在此基础上又分化出30多个不同版本。将两千多页的文字压缩合并，取其精华，才有了现在的成品。于此，由衷感谢陈飞行、黄宇琪、陈君豪、尹宇琦、巩晓、王思温、廉依倪、陈博菲、杨卓航、杨睿琦、李天莹、李东晖、张敏政、冯安昊、马庆飞、雷骧逸、王博、向远昊、杨思远、祁文、赵俊哲、王一川、陈均剑、陈国飞、巨仲一、徐俪函、丁一佳、李萌萌、董健、颜淑宁、唐锦豪、杨佳怡、林容玺、龚子安、张迪、周鸣淇、韩永超、李溪、强博、陶雨洁、丛龙慧、孙语彤、陈柳羊、岳巍、刘心静、王鑫源、田甜、帕克扎提·努尔太·吐尔逊等同学的辛勤付出。

潘婷婷

2022 年 6 月